读者文摘精华

谁说女孩都娇弱

吕长青/主编　丁艳丽/编写

DUZHE WENZHAI JINGHUA
SHUISHUO NÜHAI DOU JIAORUO

北京工业大学出版社

图书在版编目（CIP）数据

读者文摘精华．做最好的女生．谁说女孩都娇弱 / 吕长青主编；丁艳丽编写．—北京：北京工业大学出版社，2017.7
ISBN 978-7-5639-5373-8

Ⅰ．①读…　Ⅱ．①吕…　②丁…　Ⅲ．①文摘—世界
Ⅳ．①Z89

中国版本图书馆 CIP 数据核字（2017）第 089859 号

读者文摘精华·谁说女孩都娇弱

主　　编：吕长青
编　　写：丁艳丽
责任编辑：丁　娜
封面设计：新纪元工作室
出版发行：北京工业大学出版社
（北京市朝阳区平乐园 100 号　邮编：100124）
010-67391722（传真）　bgdcbs@sina.com
出 版 人：郝　勇
经销单位：全国各地新华书店
承印单位：三河市兴国印务有限公司
开　　本：700 毫米 ×1000 毫米　1/16
印　　张：12
字　　数：147 千字
版　　次：2017 年 7 月第 1 版
印　　次：2017 年 7 月第 1 次印刷
标准书号：ISBN 978-7-5639-5373-8
定　　价：22.00 元

前言

孩子是上天赐予父母最好的礼物，女孩更是父母眼中的小天使，她们美丽、善良、可爱、细腻、温柔、端庄……犹如来到凡间的小仙子，给父母带来贴心与幸福的同时，也给人间带来了快乐与美丽。

女孩不像男孩那样皮实，不像男孩那样喜欢玩冒险性和进攻性的游戏，她们淡雅中透着敏感，静谧中带着任性，善良中含着一丝胆怯，她们钟情于世间一切美好的事物，比如花哨的头饰、漂亮的服装、可爱的洋娃娃……她们像一朵朵含苞待放的花朵，在家人的精心呵护下孕育着无穷的美丽。

爱美之心人皆有之，女孩更甚。尤其在当今这个物质生活极为丰富的时代，更多的花花绿绿装进了女孩的衣橱，更多的瓶瓶罐罐摆上了女孩的梳妆台，更多前卫的东西在女孩身上得以体现，然而，一个女孩的美丽并不仅仅来自这些外在的东西，更多的是来自心灵！

真正美丽的女孩自信而坚强，面对困难与阻碍，她们毫不畏惧，依然高昂着骄傲的头，勇往直前；她们热情、阳光，富有活力，拥有一颗独立而强大的内心，能够开创一种独特的生活方式，过着自己向往的美丽人生。

真正美丽的女孩知性而优雅。古人云："腹有诗书气自华。"她们爱阅读，喜欢用知识来武装自己的头脑，满足对世界的种种好奇心；她们平和、淡定，不浮不躁，用理智控制冲动的情感，用书香熏陶良好的性格，用雅致提升生活的品位，让自己更趋完美，让生活更加幸福！

真正美丽的女孩温柔而善良。她们心里装着仁爱，眼中满是关怀，坚信世界的美丽、生活的美好；她们真诚、体贴、宽容、大度，用心关爱他人，用理解和包容让生命更加多彩，用博大的胸怀给他人迷途知返的机会。

真正美丽的女孩不抛弃、不放弃，对人生有着执着的追求，不达目的绝不罢休；真正美丽的女孩不怯懦、不偷懒，用良好的习惯梳理自己的生活、修正自己的行为……

总之，女孩真正的美丽是由内而外散发的气质。

本书以古今中外的励志故事为素材，详尽列举了女孩在成长过程中应具备的素质，用通俗易懂的语言、精彩生动的故事来启迪女孩的心智，引领女孩找到人间真情，帮助女孩走向幸福人生。

女孩们，如果你也想成为优雅的小天使、父母眼中的"小棉袄"、大家心目中的小公主，那么就一起来读书吧！

目录

第一辑 给生命注满希望

希望犹如日光，两者皆以光明取胜。前者是荒芜之心的神圣美梦，后者使泥水浮现耀眼的金光。

——魏尔伦

第二辑　做一名无畏的勇敢者

人的一生中，最光辉的一天并非是功成名就那天，而是从悲叹与绝望中产生对人生的挑战，以勇敢迈向意志那天。

——福楼拜

第三辑 用磨难治愈玻璃心

不经一番寒彻骨，怎得梅花扑鼻香。

——冯梦龙

第四辑 转身成就另一番精彩

当上帝关了这扇门，一定会为你打开另一扇门。

——《圣经》

第五辑　心中洒满阳光

假如生活欺骗了你，不要忧郁，也不要愤慨，相信吧，快乐之日就会到来。

——普希金

第六辑　扮演好自己的角色

人们可以支配自己的命运，若我们受制于人，那错不在命运，而在我们自己。

——莎士比亚

第一辑 给生命注满希望

希望犹如日光，两者皆以光明取胜。前者是荒芜之心的神圣美梦，后者使泥水浮现耀眼的金光。

——魏尔伦

女孩想当海洋专家

小靓是一个八岁的北方小女孩，在她很小的时候就喜欢探索海底世界，从来都有问不完的问题，很多时候把爸爸都给问住了。于是，爸爸特意跑到新华书店，买了好多有关海洋知识的图书并搬回了家。

小靓那个高兴劲就别提了，一下子便钻进了海洋世界之中，看着她那入迷的样子，爸爸都笑了。小靓畅游在知识的海洋中，从中认识了许许多多的鱼和形形色色的水生物，什么鱼眼睛长在一侧，什么鱼会飞，什么鱼可以爬上岸，又有什么鱼会变色……每认识一种新的水生物，她无不手舞足蹈，欣喜不已。

小靓涉猎海洋知识，不仅读书本，一些反映海洋世界的动画片和电视节目，她都是每逢必看，而且不盲目，看到不懂的不但去问，还去查资料，所以，小靓的海洋知识不但多而且准确，这在学校也是出了名的。每当小朋友遇到不认识的鱼，都会来问她，她的回答有时候甚至比在书上看到的还详细。大家无不羡慕地称她为“海洋专家”，对此小靓很自豪。

小靓学习海洋类知识除了喜欢之外，还有个梦想，所以，每当大人问她长大后想做什么时，小靓总会毫不犹豫地说：“我想当海洋专家！”而她现在所做的一切，都是在为以后做准备。

尽管小靓从书上学到了很多关于海洋的知识，但她并不满足，她想去看看真正的海，想见见真实的海洋生物。爸爸知道后，便在一个暑假带小靓去了一趟青岛，去看了真正的大海。见到自己日思夜想的大海，小靓兴奋极了，她唱啊跳啊，她和爸爸一起在海边拾贝壳，捡海螺，看潮起潮落，甚至偷偷尝了海水的味道。

之后，爸爸还带小靓去参观了海洋馆，看海豚、海狮等海洋动物的表演，买回了许多许多有关海底世界的图片。

在小靓心中“当海洋专家”的梦想早已生根，所以，她每天都盼望着自己快快长大，能够早日实现梦想，同时更加积极地为实现自己的梦想准备着。

女生悄悄话

目标，是动力，一个没有目标的人是被动的，根本找不到一点儿努力的乐趣；目标，更是方向，一个没有目标的人，只能在人生的旅途上徘徊，永远到达不了任何地方。一个人如果一辈子指望别人推着前进，指着有朝一日好事砸到头上，几乎是妄想的。

只要你想就能飞起来

一百多年前，在一个小山村住着这么一户人家：一对夫妇和两个可爱的女儿。他们靠牧羊为生，父亲经常带着姐妹俩到附近的山坡上放羊。

一天，父女三人又来到山坡上放羊，一群大雁排成“人”字形的队伍，“嘎、嘎”地叫着从天空飞过。望着渐渐飞远的大雁，两个小姑娘心中都升起一股莫名的情绪，她们多么渴望自己也可以像大雁一样在空中自由自在地飞翔啊！可是，她们从来都没有见到过，甚至没有听说过有谁可以在天空飞翔的。

“想什么呢？我的小宝贝儿们！”父亲看到女儿们望着天空出神便问。

“我们在看大雁！”小女儿抢先答道。

“爸爸，大雁要飞往哪里？”大女儿问。

父亲想了想，道：“大雁要到很遥远的地方去，那里很温暖，还有很多它们的亲人。它们会在那里安家，度过寒冷的冬天。”

“那它们还回来吗？”小女儿问。

“当然回来，等明年天暖和了，它们就会回来生小宝宝。”父亲道。

大女儿略带一丝惆怅地说：“要是我们也能像它们那样飞起来该多好呀！”

“爸爸，我也想飞起来！”小女儿也说。

牧羊人面带笑容，停了一会儿，道：“只要我的宝贝想，就一定能飞起来。”

两个女儿怀疑地看了父亲一会儿，俏皮地一笑，飞快地向山坡跑去。

山坡上，两姐妹站立在风中，不停地扇动着双臂，她们想像大雁一样飞起来，可是无论她们多么用力，就是飞不起来。于是，她们跑回父亲身边，噘着小嘴，大声道：“爸爸骗人！”

看着女儿们憨态可掬的样子，牧羊人笑了。他抚摸着女儿的头，望着远方的天空，肯定地说：“人的理想是翅膀，目标是方向，有了这两样东西，再加上平时的努力学习，就一定能像大雁一样在天空自由飞翔，去任何想去的地方。”

两姐妹牢牢记住了父亲的话，并一直为理想努力着。十几年之后，她们双双考入著名的大学。再后来，她们真的飞了起来，因为她们发明了飞机的一个重要零部件。

文生悄悄话

正如没有空气，人就不能生存一样，没有目标，人就不会取得成功。

如果你想让自己的人生更加绚烂，那就应该带着梦想一起踏上奋斗的旅程。不要担心别人会说什么，没人会嘲笑一个有梦想并为之不懈努力的人，不论你的梦想多么大胆。

不言败才能有希望

王燕是某知名大学新闻系的学生，因一次校内征文活动一下成名，成功进入校报编辑部。四年精彩的大学生活转瞬即逝。王燕与和她的学友们一样，到了择业的关口。

其实，王燕早就开始为这一天的到来做着准备，可是到这个当口还是感到有点儿迷茫，她索性先找一家好的实习单位，就算是为将来打基础。

“实习生又不要钱，白干活还不好找？”怀揣着这样的心思，王燕买了一张地图，兴冲冲地出门了，根据地图上标注的新闻单位地址，一家家找了过去。

“您好，我想到报社实习。”

“你去找热线记者吧。”

“不好意思，这个事总编室说了算，我们做记者的做不了主。”

“你去晚报看看吧，我们早报总编室现在不需要实习生，”

“不好意思，晚报新招了几个实习生，你再去问问早报吧。”

“主任不在，你下午再来吧。”

“哦，正在开会，你明天再来吧。”

……

一通下来，王燕有点头晕了。可毕竟初生牛犊不怕虎，王燕在一阵犹豫之后，走进当地一家知名报社。

比起先前的几家，这里简直可以用戒备森严来形容，对方没给她任何机会。尽管七月的天酷热难耐，王燕却打起了持久战，倔强地在报社门外等。每天早上，她都和前台工作人员一起上班，期待着奇迹发生。“你又来啦！”这是后来前台每天见到她必说的一句话。

一天，两天，第三天……前台似乎有些过意不去，终于说出了“内幕”：“去别的地方看看吧，这里没有熟人介绍是进不来的。”去别处？此时，王燕身上已没剩几分钱了，还能去哪呢？所以，她还是一直等。

已经是第五天了，终于有一个记者看不下去了，主动给了王燕一个电话——报社人事处长的电话，王燕心里一阵感激。

“我们现在一般不接受实习生……”人事处长的话让王燕感到身子发软。

“您能不能看看我简历？”王燕依然在做最后的努力。

“那——好吧？”人事处长似乎想了很久才答应。

王燕感动得都要哭出来了，她捂着嘴跑出去，奔向最近的复印店，并以最快的速度送到了报社的传达室。

接下来便是漫长的等待，她计算着时间，一次又一次地打去电话：下午3点钟打去电话，占线；下午3：30处长在开会；下午4:00处长刚刚出去；下午4：15处长还没回来，下午4：30处长终于接了，但说还没有来得及看她的简历。

“处长您抽空看一下吧，我已经在外面等五天了。”王燕急得都要哭了。

“什么？”处长很惊讶，“这些天你一直在报社外面？”

“嗯！”

“你现在到我的办公室来。”处长的口气忽然变得和蔼起来。

王燕被安排到了记者部，手续办完，踏出报社的门，她的眼泪不可遏止地流了下来……不知是高兴还是委屈，但王燕心里清楚自己成功了。

女生悄悄话

青春需要挫折，长大需要动力，不言败才能有希望。人生在世，苦难在所难免，我们不能一味地留在失败的痛苦当中，做无所谓的挣扎。要坚信痛苦只是人生路上的一个小泥洼，跃过去，明天依然充满希望！

有梦想就会有希望

在美国迈阿密近郊的一个小镇上，有一个女孩叫苏菲莱斯。苏菲莱斯有一个梦想就是长大了当一个播音员。为此人们没少嘲笑她。因为，她都七八岁了，可是连句话都说不好。尽管口齿不清，但是她很爱说话，人们什么时候见她，她几乎都在说，不过有一半是别人听不懂。没办法，父母只好把她送去一个专门为学习有障碍的学生开设的特教班。直到高中上完，苏菲莱斯说话还是没有正常人清晰。但她还坚持着自己的梦想，并一直为之努力着。

苏菲莱斯毕业后，做了环卫工人。每天晚上下班回到家，她的就会钻进自己狭小的房间里，抱着收音机专心地收听。当时她最常听的是一档音乐节目，不但听，她还凭自己的想象做了电台模型，拿一把梳子当麦克风，向想象中的观众介绍唱片。日复一日，年复一年，她不但掌握了一定的播音技巧，还克服了自己口齿不清的毛病。

终于，有一天她鼓起勇气走进了当地的一家电台，当她说出自己的想法后，被台长婉言谢绝了。在接下来的几个星期里，苏菲莱斯没事就往电台跑，请台长给她一次机会。多次遭到拒绝后，她告诉台长，只要让她能天天看到听到其他播音员主持也行，就这样她成了电台的杂工，工作是为那些不方便离开播音室的播音员送咖啡、打饭，而且没有薪水。就是这样苏菲莱斯也很高兴，因为自己离梦想又近了一步。

之后的很长一段时间，苏菲莱斯都会在干完自己该干的事情后，蹲在播音室的一角默默地观察播音员们的一举一动，晚上，回到自己的卧室，再一遍又一遍地认真练习。另外，她还会分析播音员及节目的优缺点，为什么会受听众喜爱，还有哪些需要改进。

机会往往属于那些有准备的人，苏菲莱斯就是其中之一。

这天下午，苏菲莱斯照例来“偷学”本领，综艺节目主持人罗克因酒后主持，说话语无伦次，台长便打电话来，让苏菲莱斯打电话通知其他播音员，问问谁能过来接替罗克。苏菲莱斯并没有通知谁，而是径直走进了演播室。她把罗克移到一边，坐在自己期盼已久的工作台前，打开麦克风的开关，坚定而自信地主持起来。

苏菲莱斯成功了，这期节目播出后，听众反应极好，刚刚还手里捏把汗的台长亲自跑来向她表示感谢与祝贺。之后，她代替了罗克，没几年她便成了美国最受欢迎的音乐节目主持人。

文生悄悄话

有梦想心里就会充满希望，每个人都有自己的理想，之所以有人失败、有人成功，那是因为失败者只有理想而没有努力或者没有坚持，而成功者则始终为心中的梦想努力着，坚持着。无论遇到什么样的困难都不放弃，这就是成功之道。成功只属于那些坚持到最后还在坚持的人。

让她放弃的不是体力

1952年7月4日清晨，浓雾笼罩着大片的太平洋水域，也笼罩着整个美国利福尼亚加州的海岸，在距离西海岸21英里（1英里≈1.609公里）的一个小岛上，一位女士正在不停地活动着身体，她要从这里游到利福尼亚加州的海岸，在此之前，她已是成功游过英吉利海峡的第一位女性，如果这次她成功了，她将成为第一个征服这片海域的女性。

一切准备就绪，34岁的她跳入了茫茫的太平洋，开始朝着她的目标游去。时间一点点流走，在冰冷的海水浸泡之下，她全身已经开始发木；鲨鱼一次一次试图靠近她，但都被人开枪吓跑了；海面的雾太大了，她几乎看不到任何东西，甚至包括护送她的船只。

整整15个小时，她不停地游着，此时冰冷的海水已冻得她全身发麻，她觉得自己不能再游下去了，便让护送人员拉她上船。船上的母亲告诉她，海岸已经近在眼前。她朝海岸的方向望了望，除了浓雾外，她再也看不到别的什么东西。这时，教练也劝她，坚持，千万不能放弃，于是她继续游。

50分钟过去了，依然看不到海岸的影子，她实在没有力气再游下去了，她再一次叫人把她拉上船。

当人们把她拉上船，她才知道此地距离自己的目标只剩下了半英里。

后来，当有人问起这件事的时候，这位了不起的女性不无遗憾地说："真正让我半途而废的不是疲劳，也不是寒冷，而是我在浓雾中始终看不到目标。"她说："说实在的，我不是自己找借口。如果当时我看得见陆地，也许我能坚持下来。"

她没有说谎，这是她一生唯一的一次选择放弃。两个月之后，她再一次挑战了这片水域，她成功地游到了目的地，成为征服这片海域的第一位女性。

文生悄悄话

目标就是一个人征程的指向灯，没有目标的人生就像随风飘曳的一叶孤舟，早晚是要迷失方向的。只有心存目标，心中才有希望，才不会再迷茫彷徨，才可以激励我们不断进取，才能让我们以更坚定的步伐迈向胜利的彼岸！

命运就在自己手里

在墨西哥，有早婚的习俗，女孩罗马纳·巴纽埃洛斯16岁就结婚了，18岁的时候她已是两个孩子的母亲了。在她第二个孩子出生后不久，丈夫便离家出走，一去就再也没有回来，年轻的罗马纳只得独自担负起养活两个孩子的重任。然而，生活的艰辛不但没把这个年轻的女子压垮，反而激发了她的斗志，她在心中默默地告诉自己，一定要谋求一种让自己与两个儿子都能感到体面和自豪的生活。

于是，她带着两个孩子及用一块头巾就可以包起的全部财产，来到得克萨斯州的埃尔帕索。安顿好孩子后，她便开始找工作，最后在一家洗衣店做起了洗衣工，一天仅挣一美元，让她与儿子过上受人尊敬的生活就目前来看几乎是不可能的。于是，在过了一段时间后，兜里只有 7 美元的她，带着儿子乘公共汽车来到洛杉矶寻求更好的发展机会。在那里，她做过很多工作，为了尽可能多挣钱，她一个人做着几份工作。

很快，罗马纳存够了 400 美元，于是她便和她的姨母买下一台烙饼机，开了一个小店。由于改良了配方，她们的玉米饼很受欢迎，几年的时间便开了好几家分店。后来，姨母感觉到工作太辛苦了，罗马纳便买下了姨母的股份，开始独自经营。

由于她经营有方，生意越做越大，玉米饼店铺很快成为全美最大的墨西哥食品连锁店，拥有员工 300 多人。在经济上有了保障之后，这位勇敢的母亲便将精力转到提高她美籍墨西哥同胞的地位上。她想开一家专属墨西哥人的银行，一些抱有消极观点的专家告诉她："永远也不要试图去做这种事，在这里，墨西哥人没有资格创办银行，即便你有了这里的国籍也不能，做了也不会成功。"倔强的罗马纳就是不信这个邪，她平静地回答道："我行，而且一定要成功。"

在经过一段时间的深思熟虑之后，她便与多个朋友一起，在洛杉矶东部创建了主要是为美籍墨西哥人所居住的社区提供服务的银行。很快，银行资产便达到 2200 万美元。

女生悄悄话

人生需要梦想，那是我们的精神支柱，是我们前进的方向，更是我们生活的动力。如果人生没有了梦想，就会失去努力的方向与动力。人就要敢于去梦想，有了梦想才能在我们的生命中注满希望，才能把握自己的命运，打拼出美好的未来。

枯树也有奇迹

一个深秋的周末，天气晴朗、风和日丽，一位漂亮的母亲带着三个孩子去风景怡人的湖边野餐。孩子们兴高采烈地拾来一把又一把干柴。孩子们在干活的时候发现，湖边那几棵无花果树中有一棵已经枯死了，它的树皮已经脱落，树干也不像其他树那样呈暗青色，而完全枯黄了，脆而易断，连最小的孩子斯蒂恩也能轻而易举地把一根树枝折下来。

斯蒂恩跑到母亲跟前，说："妈妈，那棵树已经死了，我们不如把它砍了吧，然后再种上一棵，我们几个都可以帮忙。"

母亲来到那棵树跟前，围着树看了一会儿，对孩子们说："孩子们，它可能真的枯死了，不过，冬天过后，它会不会再次发芽呢，这个谁也说不准。现在它可能只是给我们一个假象，其实它正在养精蓄锐、积蓄力量呢！还是留着它吧。"母亲带着孩子离开后，又对孩子们说："孩子，你们一定要记住，冬天不要砍树，因为到了春天，说不定会有很多奇迹出现。"

事情果然不出母亲所料，到了第二年春天，那棵"枯死"的无花果树竟然奇迹般地发芽抽枝了，和其他树木一样生机勃勃地生长起来。到了夏天，那棵树又变得枝繁叶茂，并结出了很多甜美的果实。

那位母亲说得对，那棵树当初只是枯死了几根枝杈而已。

孩子们都牢牢地记住了这件事，记住了母亲那句话：冬天不砍树，等到春天就能出现很多奇迹。在这句话的鼓励下，三个孩子身上也出现了奇迹：自小背起字母都结结巴巴的菲亚特，后来竟然成了一位小有名气的律师；羞涩胆小的玛琳娜竟然成了学校最受欢迎的音乐老师，整天带着孩子们又唱又跳；小时候最淘气、学习成绩最差的斯蒂恩，后来竟然成了一所大学的高才生。

女生悄悄话

每个人在成长的过程中，都会遇到这样或那样的困难与挫折，但是只要希望不灭，就能产生奇迹，就像那棵看上去干枯的无花果树一样。所以，无论到什么时候，都不要轻易地放弃希望，只要不放弃，凡事都可能会有转机，每个人都会等到属于自己的春天。

希望是生命的全部

有个女孩，师范学院毕业后，本来应该与大多数同学一样，进入一所公立学校，站在三尺讲台上，按部就班地授课，然而，她却被分配到大医院里帮助不幸住院的孩童。她每天要做的就是给那些病童补习学校正在进行的课业，这样，等孩子病愈后返校，课程才不至于落后太多。虽然也顶着一个“老师”的名头，做的却是打工家教的事。

这一天，这位年轻的女老师又接到一个电话，请她去探访一名住院的小男孩。女老师像往常一样记下男孩的姓名、医院名称，还有电话号码，然后又详细地询问了男孩需要授课的课程。电话另一端的老师告诉她：“我们现在正在学名词和动词，如果你能协助他做功课，让他反校时能跟上全班的进度，我将非常感激。”

对于孩子得的是什么病，病到什么程度，这位老师一概不知，没有人事先告诉她。直到这位探访老师来到男孩的病房外，她才知道男孩子是烧伤，在烧烫伤中心。

烧伤最怕感染，所以，她进入病房之前必须先穿戴医院提供的无菌衣帽；另外，护士还提醒她不可触摸那男孩的任地方，包括他的病床。她只能站在或坐在旁边，透过口罩跟他说话。有专人给她进行冲洗消毒，然后穿戴衣袍。一切完成后，她深吸一口气，走进了病房。

那是一名全身重度烧伤的小男孩，他显然十分痛苦，情绪也低落到了极点。可能是因为没想到这么严重，也可能是因为这种气氛太紧张了，她看到男孩后，一下子愣住了，一时之间不知说什么好。“人已进来，总不能再转身走出去吧。”她给自己鼓气，“我是探访患儿的特别教师，我特地来教你名词和动词。”她第一次感觉自己的嘴巴是那么不听使唤，结结巴巴地自我简单介绍之后，她开始讲课，尽管男孩表现得很认真，可是，事后她还觉得那是自己最失败的一次授课。

几天后，女老师再次来到医院，路上她碰到一名烧烫伤中心的护士，这位护士问她：“你对那男孩都做了些什么呀？”

这一问，女老师一下子懵了，她真不知道发生了什么事，难道说……她刚要向护士道歉，那护士就打断她：“你不知道他的情况，原来我们一直都很担心，以为他可能……”护士突然停下，一笑，说道，“可是自从你上次来过之后，他整个人都改变了，不闹了，之前我们都认为他已经失去了活下去的信心，现在不一样了，他开始配合治疗了，烧伤是很疼的，他硬是咬牙撑着……”其实，护士还跟她说了不少话，可是她一句也没听见……

没多久，那个男孩回到了学校，他提出要感谢学校及那位特别的老师。他说：“我原本已经完全放弃希望，觉得自己活不成了，直到见了那位漂亮的教师。”说着，男孩脸上已挂满了泪水，“我没想到学校会派老师来，我也没想到老师会讲得那么认真，她教的动词和名词的用法我一下子就听懂了……”

女生悄悄话

那些生活在痛苦的阴影下的人，最需要的就是有人为其点亮希望之火，哪怕希望只是一点点，他们就会在黑暗、迷茫中坚强地站起来。正如一位伟人所说：“生活之所以美好，是因为有希望在；没有了希望，绝望就会把生命毁掉。”

知道你会来接我的

二十世纪初，一场大地震袭击了美国的旧金山，也就那短短的几分钟，数万人的生命便不复存在了。

混乱之中，有位父亲没有慌乱，他将妻子妥善安置以后，以最快的速度跑到他儿子就读的学校，当时校园已成了一片废墟。

看到这一幕父亲心痛不已，眼含热泪，努力回想儿子每天早上上学的必经之路，终于记起儿子的教室——就是那幢已经倒塌的建筑物，他跑过去，开始在碎石瓦砾中挖掘搜寻儿子的下落。

看到在废墟中挖掘的这位父亲，那些正处于极度悲伤的学生家长以为有了消息，也都纷纷奔过来，乱嚷嚷地哭喊自己儿子女儿的名字，但他们很快明白了，这位父亲只是在盲目地做着无用功，一些家长便好意地劝阻：“一切都太迟了！”“算了吧，没有用的！”“你这样做只会使事情更糟”……他们你一言我一语地劝说着，希望这位父亲能离开这危险之地。父亲回过头哀求道：“你们要帮助我吗？”见没人说话，他便继续挖掘起来，一瓦一砾地寻找着自己的儿子。

过了一会儿，消防队出现了，他们看着这位可怜的父亲，队长走过来安慰道："余震不断，处处随时可能发生坍塌，你留在这里太危险了，这边的事我们会处理的，你快点回家吧！"父亲看着队长，咬着牙问："你们要帮助我吗？"同时用眼神告诉他："我不可能离开，除非找到我的儿子！"

消防队长走后，警察也赶到现场，对着父亲说："我知道你现在一定很生气，也很着急，我理解你的心情，但你要知道这样做是不理智的，因为你必须离开这里，到安全地带去！我们会处理一切的。""你们要帮助我吗？"这位父亲第三次这样问道。可是，并没有一个人帮助他。于是，他继续挖。

时间一分一秒地过去了，整整 38 个小时，他终于推开最后一块隔在自己和儿子中间的大石头，听到了儿子的声音："爸爸，是你吗？""阿曼！"父亲叫着。"爸爸，是我！"里面再次传来儿子的声音，"爸爸，我告诉我的同学，如果你活着，你会来救我的。因为你曾经告诉过我，不论发生什么事，你都会在我身边！"

"你那里的情况怎样？"父亲问。

"我们这里有 33 个人，14 个还活着。爸，我们好害怕，又渴又饿，谢天谢地，你在这儿。教室倒塌时，一面墙倒在了另一面没倒的墙上，这样我们才没被压到。"

"孩子！快出来吧！"

"不，爸，让我的同学们先走，因为我知道你一定会救我的！"

女生悄悄话

希望，有一种神奇的力量，这种力量能让一个人在黑暗中看到光明，能让一个人在绝望中鼓起勇气，能让一个人在迷茫中找到出路。一个人，不论在什么情况下只要拥有了希望，就拥有了勇气；拥有了勇气，就能走出一切黑暗、邪恶的处境。

寻找梦境的毛毛虫

早晨，天蒙蒙亮，湿漉漉的田埂上，一条小小的毛毛虫蠕动着圆圆的身躯，不停地向前爬着，它的头始终朝向太阳升起的地方。

一只蝗虫跳到它的跟前，问："你这是要爬向哪里呀，我的老伙计？"

"昨晚我做了一个梦，"毛毛虫一边爬一边答道，"梦见我爬上了一座高高的山峰，我站在山峰上，看到太阳从东方升起，耀着整个山谷，山谷里开满了各色的鲜花，草木繁茂，绿油油一片，美极了，我非常非常喜欢。我要去寻找那梦中的山谷。"

"别傻了，我的老伙计！那只是一个梦而已，你也能相信？"蝗虫听了，叫了起来，"再看看你，小小的身躯，软得像根面条，怎么可能到达那个地方？别说路上的各种动物，就是一块石头、一个水坑、一根树枝，都可以轻而易举地要了你的小命。听我一言，算了吧！"

毛毛虫没听蝗虫的劝阻，继续挪动小小的身躯往前爬。

毛毛虫来到一棵大树下，螳螂跳下来问："你这是去哪呀，兄弟？"

毛毛虫将自己的梦又叙述了一遍，说道："我要像梦中那样站在高高的山顶上，那时候我不但要看到美丽的山谷，还将在那里看到整个世界。"

"你可真敢想，连我这腿脚健壮的都没有这种狂妄的想法，你简直是……"螳螂忍不住一阵大笑，"老弟，听哥一句劝，回家吧！"

毛毛虫没有理会螳螂的嘲笑，继续前行。

毛毛虫来到一片水池边，青蛙跳上岸道："去哪呀，小家伙儿？"

“去寻找我的梦境！”此时的毛毛虫已经累得气喘吁吁，听到青蛙问，便停下再次把自己的梦说了一遍。

“我看你还是回去吧！”青蛙撇着嘴道，“到处是凶猛的动物，说不定你走不出几步就成了它们的腹中餐。”

毛毛虫不理青蛙的告诫，继续向前爬去。

后来，它又遇到了蜘蛛，再后来它又遇到了鼹鼠，之后是花朵、彩云……一个个都以同样的口吻告诫它，谁都不相信毛毛虫能成功，劝它放弃这一愚蠢的行动，然而毛毛虫始终不为所动，坚持向前爬行……

终于，在爬过一个小山包时，毛毛虫精疲力竭，再也动不了了，听说毛毛虫死了，山谷里所有的动物、花草虫鸟都闻讯跑来了，哀悼这个梦想者。就在这个时候，毛毛虫突然又“活”了，只见它用尽全身的力气，用力一拱，变成一只蛹……

时间一天天过去，就在大家几乎把这个傻傻的毛毛虫忘记的时候，那只蛹居然又“活”了过来。一只小鸟从小山包飞过，看见后很是吃惊，马上去告诉大家。当大家再次来到小山包，聚集在蛹前时，惊异的事情发生了：蛹一点点绽裂，裂开的缝隙中，一只美丽的蝴蝶破茧而出，借着微微吹拂的春风，它煽动着美丽的翅膀向大山之顶飞去……最终，毛毛虫以化蝶重生的方式实现了自己的梦想。

文生悄悄话

人生不能没有梦想，但要把自己的梦想变成现实，就必须得付出艰辛的努力。如果只把梦想停留在口头上，而不付诸行动，再好的梦想也只是一句空谈。朋友们，行动起来吧，也许你将经受成蛹的漫长等待，请相信，那只是你破茧化蝶的前奏。

目标点燃希望

玛莉露·雷登在念高中时就已经是弗吉尼亚州体操选手中出类拔萃的一位了，不过，谁也没有想到她会冲出家乡，走向世界，成为世界上最优秀的体操选手，就连她自己也没想到。

14 岁时，玛莉露到内华达州雷诺市参加了一场体操比赛，正是在那一天，著名体操教练贝拉·卡罗里主动找到她。卡罗里是一位罗马尼亚籍教练，曾指导过奥运体操冠军得主娜迪亚。贝拉·卡罗里拍着玛莉露的肩膀，用浓重的罗马尼亚口音对她说："玛莉露，我可以将你培养成奥运冠军，你来找我吧。"这可是一位体操界的知名教授啊，居然找上了自己，并对自己说了这样的话，玛莉露除了惊讶还是惊讶，当时她脑海中闪过的第一个念头就是："这怎么可能啊！"

不过，贝拉·卡罗里在整场体操比赛中对玛莉露极为关注。后来，玛莉露回忆道："我们坐下来开始谈话，他又去跟我的父母谈了话，他对他们说：'我不能保证玛莉露能进入体操代表队，但是我知道她是块练体操的好材料。'"

将来能参加奥运会，是玛莉露很开心，但是现在却由体操界的泰斗说出了她的梦想，玛莉露心头一阵雀跃，心中对这个目标更加坚定了。她后来说："当时 ，我承担着很大的风险，为了心中的目标，我得离开亲人、朋友，我得住到一个陌生的环境中，跟一些陌生的女孩一起训练。做出这样的决定，心中还是很惶恐、担忧的。我不知道这个决定能给我带来什么，不过，我心里更多的是兴奋，我这个渺小的、从弗吉尼亚某个不知名的小地方出来的女孩竟然被这样一位伟大的教练选中了！”

玛莉露是一个好强的女孩，为了不让卡罗里教练失望，从被教练选中那一刻开始，她就把参加奥运比赛并且取得优秀成绩设成了自己的目标，拿出全部的精力，开始了辛苦而勤奋的训练。仅仅过了两年半的时间，玛莉露就以连续两次满分的成绩为美国体操队夺得了奥运冠军。从那届奥运会后，玛莉露就进入了众人的视野，成为一位体操皇后。

女生悄悄话

目标是一个人前进的动力，能点燃心中的希望。有了目标，你就会竭尽全力、勇往直前，就能不断地超越自己。一个人只有树立了远大的目标，才会做出伟大的成就，你的人生才会变得更加精彩。

点亮自己的心灯

有姐妹俩，父母早亡，姐姐半工半读上完了师范，毕业到学校任教，用不多的工资养活自己和妹妹，供妹妹上学。尽管生活清苦，但姐妹俩过得却很充实。

然而，上天并没有因为姐妹俩的清苦而对她们稍加眷顾，反将一场不幸降临到她们的头上：妹妹在一场车祸中受伤，虽然保住了性命，却永远失去了双腿，从此开始了她的轮椅生涯。

在如此巨大的灾难面前，妹妹被彻底压垮了。她看不到一丝希望，觉得眼前的世界漆黑一片，她经常呆坐在窗前，隔着玻璃窗看别的孩子跑来跑去，而她只能痛苦地坐在轮椅里，失去了奔跑的自由。她放弃了学习，甚至放弃了生活。姐姐看在眼里，痛在心里。

姐姐知道自己不能倒下，于是她每天忙完学校的事情，便匆匆忙忙地赶回家里照顾意志消沉的妹妹，可是不论她怎么劝导、安慰，对弟弟一点儿用处都没有。于是，她买来许多书，试图让妹妹在学习中忘掉痛苦，可妹妹还是丝毫不见好转，只要她不在，妹妹就会把书扔掉。她只好一次又一次地把书捡了回来，重新放在妹妹的床前。

这天晚上，姐姐拉开窗帘，一脸兴奋地对妹妹说：“你看，对面的房子。”

“不过是一栋普通房子而已。”妹妹看了一眼毫无生气地道。

“那的确是一栋普通的房子，可是因为那亮着的灯变得不普通了。”

“不过，你知道里面住的是谁吗？”姐姐又问道。

“到处不都亮着灯吗？”妹妹依然无精打采。

“我打听了，对面住的是一个瘫痪的小女孩，可是她并没有因此意志消沉，反而更加珍惜自己的时间，每天都努力学习各种知识，晚上 11 点才关灯。听说她写的文章有不少在有名的报刊上发表过呢！”

妹妹听了心中一震，再次抬头向对面看去。眼神中充满了羞愧，她渐渐地又变得坚毅起来，显然她在心里做着一个重要的决定。从那以后，她再也没把姐姐买来的书扔出去。姐姐每次回来，妹妹都在认真地看书，脸上也有了笑容。

一年夏天，姐姐为救一个落水的学生，失去了生命。姐姐——自己唯一的亲人，一个曾帮助自己重新站起来的人，就这样离去了，妹妹感到无比痛苦，但是她没有再次消沉，而是把重新获得动力的希望寄托在了对面房子里的小女孩和那盏晚上 11 点才息的灯上。

一个月后的一个晚上，妹妹再次拉开窗帘，可是那盏却没亮。“难道是小女孩出事了？”妹妹坐着轮椅到了对面，找到那间房子。她敲了敲门，可是里面并没有人应声。“她一定是出事了！”于是，妹妹使劲地敲起门来。

“你找谁？”隔壁一位老奶奶出门问道。

“一位小姑娘，就住在这里！”

“小姑娘？这里从来没住人！”

“那晚上的灯光是怎么回事？”

“哦，是一个姑娘，她租下了房子，却说不住人，只叫我每天晚上开了灯，11 点再关灯，今天到期了！”

“姐姐？”女孩如梦初醒，“是姐姐在我的黑夜里点亮了我心中的灯！放心姐姐，这盏灯永远不会灭。”

女生悄悄话

每人心里都有那么一盏灯，它就像黑暗中的明星、黑夜回家时的路灯。如果它亮着，就能照亮脚下的路程，让你拥有在困难中坚持下去的勇气。这就是我们的希望，请记得，无论何时，都别忘了点燃自己的心灵之灯。

拨开迷雾见光明

皮尔是一个高尔夫爱好者，经常去球场打高尔夫。有一次，他又在球场抡起了球杆，没想到一个不小心，皮尔竟然把球打进了杂草区。这时一个女孩正好在那里清扫落叶，就与他一起找起球来。

皮尔在当地很出名，没有人不认识他，在众人的心目中，他就是成功的象征，这个女孩也不例外，她一直把皮尔当成自己的偶像。在找球的过程中，女孩迟疑地对皮尔说：“皮尔先生，我想抽空向你请教。”

皮尔问：“什么时候？”

听了皮尔的问话，女孩有些意外，便回答说：“什么时候都行。”

皮尔看了看那个女孩，严肃地说："照你这样说，你永远也找不到机会。这样吧，三十分钟后，我们在第 18 洞见面谈吧。"

三十分钟后，女孩如约来到目的地，他们来到一片树荫下。皮尔问了女孩的姓名，然后说："现在请你说说吧，你要同我商量什么事情？"

"具体我也说不好，就是想做一些事情。"

"你能说说你究竟想做什么事情吗？"皮尔又问。

"我自己也不太清楚。我很想做一件与现在不同的事情，可是却不知道做什么才好。"女孩看上去很困惑的样子。

"那你准备什么时候开始实现那个不能确定的目标呢？"皮尔又问。

听了这个问题，女孩好像更迷茫了，而且有些激动，她说："我不知道。我说的是'有一天'。有一天我想做一件非同寻常的事情。"

皮尔看着女孩，摇了摇头，又问："你喜欢什么事情？"

女孩想了一会儿，摇了摇头，并不能说出自己有什么特别的喜好。

皮尔说："哦，我明白了，你一直想做一些事，可是却不知道做什么好，也不知道什么时候去做，更不知道自己最擅长或喜欢什么事情，对吗？"

女孩听了皮尔这样说，虽然心里很不愿承认，但还是点了点头，说："是的，我真是一个没用的人。"

"不，不，你不要这样否定自己，你只是没有把自己的思路整理好而已，或者说你只是缺乏整体的构想。你是一个温柔又聪明的女孩，而且很有上进心。正是因为有上进心，你才会想着去做些什么。我很喜欢你，也很信任你。"

接下来皮尔给那个女孩提了一个建议，让她用两个星期的时间好好思考一下自己的将来，确定好自己的目标。皮尔提议："你可以把你的想法用简单的文字写下来，然后估计一下什么时候能顺利实现，得出结论后，就把这个目标及过程写在卡片上，到那时你再来找我吧。”

女孩感激动地走了。两个星期后，女孩又来到皮尔面前，此时的她显得有些急切，看上去好像完全变了一个人似的。她把写有自己明确而完整的梦想卡片递给了皮尔。卡片上写着：我的目标就是要成为现在工作的高尔夫球场的经理。现任经理会在五年后退休，所以我要在五年后实现这个目标。

皮尔看着卡片，脸上露出了赞许的微笑。

从那时起，女孩就开始朝着这个目标努力了。在这五年的时间里，她确实具备了担任经理学识和领导能力。经理的职务一旦空缺，女孩理所当然地坐上了那个位置。

又过了几年，女孩成了公司不可缺少的人物。一直努力着，发展着……

女生悄悄话

拥有明确的目标，才有前进的动力，才能找到努力的方向。青少年时期正是人感到迷茫的时期，我们一定要好好把握机会，早日为自己定下目标，不断努力，提高自己的能力，这样我们才能有一个光辉灿烂的未来。

小拇指的预言

露西·罗尔斯出生于美国纽约的一个贫民窟，那里的环境特别差，不仅脏乱不堪，而且人口繁杂，是流浪汉的聚集地。出生在那里的孩子受恶劣环境的影响，经常逃学、打架、小偷小摸，有的甚至吸毒，从那里走出来的人很少有从事体面工作的。但是，露西却成了例外，她不仅考上了大学，而且成了女州长。

在州长就职的新闻发布会上，当有人问及成功的秘诀时，露西向大家谈起了她上小学时的一件事。

当时，露西在诺比塔小学读书，学校的董事、校长都由切丽·保罗女士担任。这是一位有着金黄色卷发和棕色眼睛的漂亮女士，孩子们都很喜欢她，就算是再调皮的学生也会为她折服。

当年切丽·保罗女士来到诺比塔学校后，发现这里的孩子都没有远大的志向，甚至不肯听老师的话，很多学生经常逃课、打架，甚至破坏学校的公共设施，在课堂上与老师作对。切丽·保罗想了很多办法来引导孩子，但都没什么效果。后来她发现，当地的人都很迷信，包括这些孩子，于是，切丽·保罗的工作又多了一项内容：给学生看手相。她想用这个办法来引导孩子走上正途。

有一天，露西逃学回来，当她从窗台上跳进教室时，正好被校长逮到。她只得走向讲台……切丽·保罗拿起露西那胖乎乎的小手看了看，说："我一看你修长的小拇指，就知道，将来你一定能当上州长。"

听到这样的话，露西惊得目瞪口呆，因为长这么大，除了奶奶夸奖过她一次，说她将来可以当一名小船长外，还没有人夸奖过她，没想到校长竟然说自己能当上州长，这样的预言真的让她太意外了。露西记住了这句话，并且相信了它。

从那天起，露西就开始用"州长"的标准来要求自己，她的衣服不再肮脏不堪，她开始使用起文雅的语言，并挺直了腰杆。在以后的很多年里，露西一直这样做着，努力着，在她 51 岁那上，她终于实现了校长的预言，成功当选上州长。

文生悄悄话

成功的人心中都有着坚定的信念，信念就像一支火把，它能点燃一个人的潜能，能给予人希望，引领人飞向最终目的地。在成长的过程中，我们也要在心中给自己树立一面旗帜，给未来注满希望，这样我们才能克服身上的惰性，尽自己最大的努力朝着目标不断前进。

永远争第一

20世纪30年代，英国东部有个叫格兰瑟姆的小镇，镇上有个姑娘叫玛格丽特。

玛格丽特家教很严，自小父亲一直向她灌输“宁做鸡头不做凤尾”的思想：不管干什么事情都要力争一流，永远不要落于人后。久而久之，这句话也就刻在了小玛格丽特的脑子里。

对于一个年幼的孩子来说，这样的要求无疑是苛刻的。然而，就是在父亲这样近似残酷教育下，才培养了玛格丽特永不言败的性格与积极向上的信心。“我不能”或“太难了”这样的词在玛格丽特的“字典”里是没有的，一开始是父亲不允许她说这类的话，后来是自己不允许。

无论什么时候，在什么状况下，她总是抱着一往无前的精神和必胜的信念，尽自己最大的努力克服一切困难，做好每一件事情，事事必争一流，以自己的行动实践着“永远坐在前排”的誓言。

在玛格丽特生活的那个年代，大学规定拉丁文课程是学五年的，可是她凭着自己顽强的毅力和拼搏的精神，硬是在一年内完成了全部五年的课程，更令人不敢相信的是，她的考试成绩竟然名列前茅。玛格丽特的出类拔萃不单单表现在学业上，体育、音乐、演讲……她样样都是学生中的佼佼者。对于她的出色，当年的校长给出了这样的评价：“她无疑是我们建校以来最优秀的学生，她总是雄心勃勃，每件事情都做得很出色。”

什么样的付出就有什么样的回报，也正是因为如此，40多年以后，英国乃至整个欧洲政坛上出现了一颗璀璨耀眼的明星，连续4年当选英国保守党党魁，并于1979年成功当选英国第一位女首相，雄踞政坛长达11年之久，是英国任期最长的首相，被政界誉为“铁娘子”，她就是玛格丽特·希尔达·撒切尔。撒切尔夫人在任时期，英国在经济、文化和政治上都发生了巨大的变化，人们的生活也有很大的改观。

2013年4月8日撒切尔夫人逝世，但她对英国的影响力仍然存在。时至今日，不管是英国国内，还是整个国际社会，没有人敢否认这位强有力的女领导人。正是由于她的出现，在很大程度上改变了世人对妇女的偏见。

文生悄悄话

玛格丽特的成功告诉我们，一个人想在将来有所成就，就一定要有自己的人生理想，并为它付诸具体行动，才可能将梦想变为现实，相反，就算有理想，不肯努力付出也是空想。

一只巴掌也能拍响

她因为小时候患小儿麻痹症，而变得与众不同，无法像其他小朋友一样快乐地奔跑跳跃，甚至无法正常地走路。她因为这个与众不同而变得极为悲观、忧郁，医生虽然也教了她很多运动方法，以便让她恢复健康，可是她似乎一点儿也没放在心上。随着年龄的增长，她更加忧郁和自卑了，后来竟然发展到不愿与人接近的地步。不过她还是有一两个朋友，比如邻居家那个只有一只胳膊的老人，两人竟然成为忘年交。老人的那只胳膊是在一场战争中失去的，老人虽然只有一只胳膊，但他很乐观，经常给她讲故事。她非常愿意跟老人在一起。

一天，老人用轮椅推着她去附近的一所幼儿园，当时孩子们正在操场上唱歌。孩子们稚嫩而悦耳的歌声吸引了他们的脚步，两人就站在旁边看了起来。等一首歌唱罢，老人对她说："他们唱得太好了，我们为他们鼓掌吧！"她吃惊地转头望着老人，说："什么？鼓掌？你只有一只胳膊，怎么鼓掌啊？"老人笑了笑，解开衬衣的扣子，露出胸膛，然后用手掌拍起了胸膛……"啪啪啪"，声音如掌声一样。

当时正值初春，微风中还带有几分寒意，可是她却感觉自己的心里涌动一股暖流。老人对她笑着说："只要努力，一只巴掌照样可以拍响，你一样能够站起来。"

那天晚上，她让父亲写了一张字条贴到了墙上，字条上写着："一只巴掌也能拍响。"从那以后，她开始配合医生的指导做运动，不管多么艰难、痛苦，她都咬牙坚持着，再也不轻言放弃。有了一些进步，她又以更大的受苦姿态投入进去，以求更大的进步。在父母不在身旁时，她还扔开支架，尝试着走路。蜕变的痛苦是牵到筋骨的，但她坚持着，始终相信自己能够像其他孩子一样行走、奔跑。她在心里呐喊：我要行走，我要奔跑……

11 岁那年，她终于扔掉了支架，但她没有满足，又向另一个更高的目标努力着，她把目光投向了打篮球和田径运动。

1960 年罗马奥运会上，她赢得了女子 100 米跑的冠军。当时掌声雷动，观众们纷纷站起为她喝彩，齐声欢呼着她的名字——威尔·鲁道夫。

那一届奥运会上，威尔玛·鲁道夫成为当时世界上跑得最快的女人，共摘取了 3 枚金牌。

文生悄悄话

希望是黑暗中的火光，使人精神振奋，努力向前。任何时候，无论遭遇什么困难，我们都不要放弃希望，哪怕只剩下一只手，也可以为生命鼓掌。任何时候都不要放弃自己的梦想，有了梦想，生命才有希望。只有坚持追求，勤奋努力，才能取得成功。

找到生命的意义

摩尔太太是一位善良而豁达的人，有一年她正带着家人在某温泉度假村旅行，突然看见一个女孩在投海自尽。这是一个十七岁的黑人女孩，一个没有父母的孤儿，自小就没有受到一点管教的她愤世嫉俗，感觉到被世人抛弃，于是走上了自杀的道路，幸好警察救了她。

摩尔太太觉得自己应该挽救这个女孩，于是便来到警察局，要求和女孩见一面。警察得知摩尔太太的来意后就同意了她的请求。

摩尔太太与这个叫珍妮的黑人女孩见面了，可是珍妮却把头扭向了一边，犹如一块石头，面无表情，看也不看摩尔太太一眼。摩尔太太用安静而柔和的声音说道："孩子，你知道吗？你生来就是要为这个世界做一些除了你别人做不到的事情的。"她一连说了好几遍。珍妮起初只当没听到，等摩尔太太说了几遍后，她突然扭过头，说道："你说的是像我这样的一个黑人吗？一个连父母都没有的孩子？"

摩尔太太一字一顿地说："对，我说的就是你，正因为你是黑人，正因为你没有父母，所以，你能做一些了不起的事情。"珍妮冷笑一声，脸上露出不屑的神情，说："哼，你觉得我会相信你这一套吗？"

"如果你不相信，那么就跟我来吧，我让你自己看看。"摩尔太太说。

摩尔太太把珍妮带回了自己的庄园，让她在菜园里打杂。虽然生活很清苦，但她对珍妮特别爱护。生活在庄园里，置身于草木苍郁的环境中，珍妮的心慢慢地平和下来。后来，摩尔太太给了她一些生长迅速的萝卜种子，珍妮种下后十天，萝卜就发芽生叶了，珍妮看到自己的成果，得意地哼起了小曲。她用竹子自制了一支横笛，吹起来自娱自乐。摩尔太太听后，称赞道："珍妮，你吹得真好听，除了你还没有人为我吹过笛子呢！"

慢慢地，珍妮的脸上有了光彩，摩尔太太就把她送到高中念书，在求学期间，她仍然在摩尔太太的庄园里种菜，也帮摩尔太太做一些家务。高中毕业后，珍妮白天在一家工厂做工，晚上则到大学读夜校，毕业后，她去了一个盲人学校任教，她对那些失明的孩子都特别关心。

工作后，珍妮依然经常到摩尔太太那里去，她对摩尔太太说："现在，我真的相信，我能做一些别人不能而只有我才能做的事情了。"

摩尔太太说："嗯，你看到了吧，假如你不是黑人，假如你不是孤儿，或许就不能领悟盲人孩子的痛苦。只有真正了解别人痛苦的人，才能全心全意地为别人做美好的事。你十七岁那年，最需要别人的关心与爱护，可是没有人疼惜你，所以你就很痛苦，想到了死，对吗？你大声呐喊，说你要的根本不可能得到，根本不存在，所以你万念俱灰。可是后来，你自己有了爱心，你自己也能做一些事情了。"

珍妮心悦诚服地点点头。

摩尔太太继续说道："人，要尽量爱护自己的快乐。等到你从他们脸上看到感激的光辉时，就算是心如死灰之人也会看到希望，体会活下去的意义。"

文生悄悄话

如果一个人没有理想，没有希望，那将是非常痛苦的事情，这种人会因此而觉得没有明天，甚至会因此而毁掉今天。只有充满理想和激情，找到生命的意义，才有活下去的勇气与力量，这样的人一定能做一些了不起的事情。

容貌不是生命的全部

女孩琳达出生于一个比较富有的家庭，家里只有她一个女孩，所以父母都非常疼爱她，把她视为掌上明珠。然而，人生不仅仅有幸福还有很多不幸，在上中学的时候，琳达得了一种罕见的疾病。

这种病会随着患者年龄的增长而愈发严重，慢慢地，患者的五官会萎缩，严重变形。这种病在全球还没有有效的治疗方法。虽然这种病很可怕，但对患者的生命并没有什么影响。

琳达是一个坚强的女孩，自从得病后，一直没有丧失战胜病魔的毅力，以及对生活的美好愿望。她的内心一直燃烧着希望的火焰，她希望通过自己的努力学习，取得事业上的成功，进而来改变自己的状况。由于学习一直很勤奋，琳达几乎包揽了年级所有学科的第一名。尽管学习成绩优异，但是琳达在学校里还是遭受到了打击和嘲笑，一些调皮的孩子总是取笑她，并给她起了个很不雅的绰号——歪鼻子。

有一天，班里上社会心理学课，老师让同学们谈谈自己的理想。老师的话题一出，教室里顿时炸开了锅，同学们一个个神采飞扬，你一言，我一句，热烈地讨论着，有人说要当一名科学家，有人说自己要当一名政治家，有人说自己要当一名航海家……只有琳达独自低着头，静静地坐在那里沉思。老师让同学们一个一个轮流发言，到琳达时，还没等她开口，一个调皮的男生就抢先说："她的理想嘛，一定是整容，除了整容，她还想做什么呢？"男生的话音一落，全班哄堂大笑起来。

琳达转过头，神情极为严肃地看着那个男生，认真地说："杰克，你说错了，我的理想并不是整容，整容并不能完全改变我脸上的残疾和缺陷。我的理想只有一个，那就是做一名律师。"琳达说完，教室里又是一片笑声，琳达再次遭到了同学们的嘲笑。

等老师制止了同学们的笑声后，琳达强调说："我真的要当律师，去帮助那些可怜的受害人，以及遭受别人歧视的身有残疾的人。"她补充说："我的脸在将来的某一天或许会更加难看，但只要我活着，我就会继续证明，容貌并不等于生命的全部，比容貌更重要的是你生命中的自信和坚强。"听了她的话，教室里瞬间安静下来，全班的同学都陷入了沉思之中。

几年后，琳达大学毕业，她通过不懈的努力，考取了职业律师资格证。又过了几年，琳达终于成了一位出色的律师。

文生悄悄话

有位学者说过："希望是附属于存在的，有存在，便有希望，有希望，便是光明。"的确，人不能没有希望，否则就会像失去控制的小船，随波浮沉。只有怀揣希望，才能实现自己的人生目标，成就不凡的事业。

第二辑　做一名无畏的勇敢者

人的一生中，最光辉的一天并非是功成名就那天，而是从悲叹与绝望中产生对人生的挑战，以勇敢迈向意志那天。

——福楼拜

赶在白人的前头

一直以来，种族歧视的事在美国都是屡见不鲜的，在不少地区，黑人的地位低下，处处受到白人的欺压。与现在相比，二十世纪六十年代更为严重，众多城市中伯明翰尤甚，在餐馆里黑人甚至买不到一个汉堡包，就连公共汽车、公共厕所……公共设置也有“黑白”之分。女孩赖斯就出生在二十世纪六十年的伯明翰。

赖斯小时候，父母告诉她，在伯明翰以外有更多的机会，如果她勤奋学习，力争上游，就会得到回报。进入学校后，赖斯学习十分出色，曾两次跳级。

赖斯父母经常告诫她：“要想改善咱们黑人的状况，最好的办法就是取得非凡的成就。如果你拿出双倍的劲头往前冲，或许能获得跟白人一样的成就；如果你愿意付出三倍的辛劳，就一定能赶到白人的前头！”

为了能“赶在白人的前头”，赖斯数十年如一日，以超出常人数倍的努力勤奋学习，积累知识，增长才干。普通美国白人只会讲英语，而她除母语外还精通俄、法和西班牙等多门语言；多数白人通常只能上一般的大学，她则考进了美国著名的丹佛大学，并获得博士学位；普通白人 26 岁读完研究生的就不多，可她在这个年纪已经是斯坦福大学的助理教授了。她随后还出任了该大学的教务长，也是校史最年轻的；普通美国白人只是会弹钢琴，可她不仅精于此道，而且还曾获得美国青少年钢琴大赛第一名；此外，赖斯还用心学习了网球、花样滑冰、芭蕾舞、礼仪训练等。凡是白人能做到的，她都要尽力做到；白人做不到的，她也要努力做到。

天道酬勤，超常人数倍的努力，收获了数倍于常人的成就，这是公平的。在短短20多年里，赖斯以她的勤奋努力，从一个普通的黑人女孩成为著名的美国国务卿，奇迹般地完成了从丑小鸭到白天鹅的转变。有人问起她成功秘诀的时候，她简明扼要地说，因为我付出了超出常人的辛劳！

女生悄悄话

上天是公平的，你付出什么样的努力就有什么样的收获，尽管总有这样或那样的非公平因素在其中作梗。人人都想成功，可能最后站在成功之巅的人只是少数，为什么？原因很简单，你努力不够。

辉煌背后的故事

居里夫人的名字可以说是无人不知、无人不晓，那是因为她是世界著名的科学家，发现并分离了放射性元素镭，但是多数人知道的都是她成功后的辉煌，却不知她辉煌背后的艰辛。

居里夫人生长的家庭并不富裕，高中毕业后便打工供姐姐上大学，姐姐学成后她才得以圆自己的大学梦。在法求学期间，她的生活极其清苦。她在小阁楼上奋战了两年，除了必要的朋友聚会，她几乎没有什么社交，她甚至不愿意花费一点时间学习烹饪。在她看来，物质生活毫不重要，做这些纯粹是在浪费时间，所以，她宁愿把学习烹调的时间用在读书上或用在实验室里。

她的饮食极其简单，没钱进饭馆，又不肯花时间去做营养丰富的菜肴，所以经常啃抹黄油的坚硬面包，而且一吃就是几个星期，最多买两个鸡蛋、一块巧克力或几个水果，渴了就是茶水，仅此而已。长期的营养不良，导致她的身体每况愈下，昏倒的事情经常发生。

一天午后，极度疲乏的她在同学面前晕倒了，她的姐夫是医生，同学马上跑去通知，可当姐夫赶到时，她已醒来，又去读书了，但她脸色苍白得吓人。

姐夫看了她干净的碟子和空空的蒸锅，问道：

“吃午饭了吗？”

“好像吃过了……”

“你吃了些什么？”

“吃了什么？……我记不清了……”

“你究竟吃了什么？”姐夫赶紧追问。

“一些樱桃，还有……还有……”

后来，她不得不说实话：从前天晚上起，她只吃了一把小萝卜和樱桃，睡了 4 个小时。姐夫责备了她之后，把她带回家。整整一个星期，她才恢复了健康。

居里夫人可以说是以非同凡响的毅力过着一种贫寒却高尚的生活，克服了常人难以想象的困难。冬季太冷，住在顶层阁楼中的她一次次被冻醒，不得不把所有的衣服都穿在身上，有时她甚至把椅子压在被子上取暖。就是在这种情况下，她从来没有停止过对知识的追求，正是这种对知识的渴望的力量，让她忘记了一切物质上的困窘，也正是这种不知疲倦、永不停歇的努力，成就了她一生的辉煌。

文生悄悄话

生活对于任何人来说都不是件容易的事，要想在人生的道路上走得扎实，就必须有迎接任何困难的心理准备及战胜任何困难的决心，只有这样才不会因困难来临而手足无措，才能在面对困难时表现出坚忍不拔的毅力，才能顺利地走过人生的每一道坎。

美丽的三纹松鼠

在古老的印度，流传着一个有关三纹松鼠的美丽故事。

在很久很久以前，一片森林中住着很多小动物，他们觅食、玩耍，快乐地生活着。这是一片茂密的森林，从来没有发生过什么大的变故，就算偶尔会有几只猛兽经过，大家也都能及时地把自己妥善藏匿起来，不至于成为猛兽腹中餐，所以这些小动物们大都能够在森林中怡然自得地生活，直到终老。

这一日，天神经过森林，看到了这些无忧无虑的小动物们，一时童心大起，想要测试一下森林中动物们对于危机的应变能力。只见他将手轻轻一挥，随着一声巨响，一道刺眼的闪电划过长空，击中森林中一棵最大的树，顿时燃起熊熊的大火。一阵风刮过，大火一发不可收拾，火舌四处飞蹿，席卷了无数树木的枝叶，威胁到所有小动物的生命安全。

动物们一个个惊慌失措，四散着拼命逃向森林的外缘，希望能逃出这场突如其来的大火。但小动物们哪里知道，在森林的外面无数贪婪的猛兽正张开流着馋涎的大口，等候它们自己送上门去。

就在所有动物四散奔逃的时候，一只小松鼠没有选择逃难，而是奔向了森林中一个即将被烈火烤干的水塘。只见它纵身一跃跳入塘中，沾湿自己瘦小的身子后，带着水冲进火场，然后，拼命抖落身上的水珠，希望能缓解正在毁灭森林的火势。此时的它，由于一次次冲进火场，那条蓬松而美丽的大尾巴已经被炙热的树枝烙出三条黑色的焦痕，但它仍卖力地来回奔跑着。

天神看到后，化作一位老人，来到小松鼠的面前，问道："孩子，你难道不知道，你这样的做法，对这么大的火，根本起不了作用吗？"

小松鼠说道："你说的也许是对的，凭我的力量不足以灭火，但我至少可以让火势暂缓，或许可以挽救森林中几只小动物的性命！如果天神看到了，或许会感念我的执着，而降下甘霖灭了这场要命的大火。"

天神听罢点点头，长袖一挥，大火也瞬间消于无形，小松鼠顿时觉得清凉无比，就连烧伤的尾巴上那难看的焦痕也变成了三道瑰丽的花纹，于是就有了现在印度最美的"三纹松鼠"。

女生悄悄话

一位名人曾经说过这样一句话："一个人绝对不可以在遇到危险时，背过身去试图逃避。若这样做，只会使危险加倍。"一个勇敢者在任何时候都不会选择逃避，不会去乞求，更不会绝望，在困难面前勇敢者所做的唯一一件事就是勇敢地去面对它、接受它，然后克服它。

到底谁最镇静

在印度，有位殖民官员夫妇举行家宴，宾朋到位后开席。

席间说到女生问题，一位年轻的姑娘认为，如今的女性进步很快，她们不再是见着老鼠就吓得又叫又跳的软弱女子了。一位陆军上校并不赞同她的观点，道："我并不这样认为，因为她们并没有多大的改变，比如说遇到危急情况，女人的反应必然是尖叫，而男人则不同，他们也许会有同感，但他们总能泰然处之，这一点胆量是至关重要的。"于是两人展开了激烈的辩论，其间有不少人发表自己的观点，并很快形成了两个阵营。

宾客中有一位美国动物学家，他并没有参加任何一个阵营，而是以旁观者的身份听着两方的辩论。突然，他看到女主人脸上出现了一种异样的表情——双目直愣愣地看着前方，脸上的肌肉也有了微微的收缩。少顷，她用一个轻微的手势叫来一个男仆，并在他耳边轻轻地交代了什么，仆人的神情立刻变得紧张，之后匆匆离去。不一会儿，仆人端来了一碗牛奶，并在走廊中紧靠门的地方把碗放下，朝女主人点头示意后，轻轻退了下去。由于大家正在激烈地辩论中，所以，除动物学家外没人注意到这些。

牛奶放在碗里，在印度只意味着一件事，那就引诱眼镜王蛇。也就是说此时房间里正有一条眼镜王蛇，于是，动物学家开始巡视房间的四个角落，从房梁到椽子，从墙角到墙根都没发现蛇的踪迹，那么只剩下了一个地方——桌子底下，这条眼镜王蛇一定就在大家转坐的桌子底下。

他是动物学家，知道蛇的秉性，只要一动必然会遭到攻击，于是，他没有纵身往后跳，也没有警示别人，但并不等于他不担心蛇会攻击任何一个有动作的宾客，他的脑子为化解这场危机而转动着……少顷，他开始讲话，立刻引来大家的注意，见大家静下来，他道：“现在我们来做一个小游戏，这可以判断诸位的自制力。我数到 300，大约 5 分钟的时间，大家谁也不许动，谁动一下，就罚 50 卢比。”不等大家有所表示，他便宣布游戏开始！

就这样所有的人被他强行按在了椅子上，“1——2——3——”他不紧不慢地数着，一边数一边偷偷观察着……当他数到 280 时，那条蛇出现了，慢慢地爬出门，爬向那碗牛奶。他“噌”地跳起来，迅速跑过去一把将门关上。餐厅里立刻响起一片尖叫声。

“你说得一点没错，上校，”男主人不无得意地道，“正是一个男人，刚刚给我们示范了什么是从容，什么是镇静。”上校阵营的人立刻高兴起来。

“请等等，”动物学家示意大家静下来，并转向女主人道，“维纳太太，您是怎么发现这条眼镜王蛇的？”

女主人微微一笑，淡淡地道：“因为它刚从我的脚背上爬了过去。”

文生悄悄话

没人敢说勇气是男人的专利，就算你是女性，就算你弱小，也决不能说明你不可以拥有镇定自若的力量。从容不迫地面对危难，这是灵魂坚强的表现。遇事不慌不乱正是这种力量的真实写照，拥有它你便不会在困惑和彷徨面前思路混乱、手足无措。

用行动证明一切

春天来了，艳阳高照，花园里千姿百态的花朵争奇斗艳，毫无保留地展现着自己的美貌和身姿。

一株冬青，在花园的角落里生长着，因为绚丽缤纷的花草吸引了所有的目光，所以弱小的、不起眼的它无人问津，美丽的花儿也没认为冬青是花园中的一分子，从不把它放在眼里。

离冬青最近是玫瑰，在它眼里冬青是那么寒酸低贱，甚至觉得与冬青离得近是自己一生的耻辱。有一天，玫瑰终于忍不住了，对冬青说：“你这丑陋的家伙，到底从哪儿来的，为什么长在我旁边，把我的身份都拉低了。”玫瑰越说越生气，“我是爱情的象征，难道你不知道吗？你看看我的花朵有多鲜艳可人，那是送给心上人最好的礼物。再瞧瞧你的样子，去去去，趁早离我远一点，我可不想因你毁坏了我的形象。”

“谁说不是！”月季也早已看冬青不顺眼，听了玫瑰的话，也毫不留情地附和着，“傻愣愣地杵那儿，难看死了！尽给我们花园丢脸。”

接着一串红，也叽叽喳喳嚷道：“那就是一愣头青，没有一点生气，跟我们卓越的风姿相比，简直就是个小丑！”

“是呀！它是我们花园的家伙，说出去都丢人！”

“与这样的家伙为邻，我都感到无地自容！”

“是呀，跟这样的家伙在一起，真倒霉！”

……

其他的花儿也跟着起哄。

角落里，冬青默默地待着，丝毫不为自己辩解，它知道这个时候，什么也不说才是最好的，因为时间会证明一切。

冬天很快来临了，一阵寒风吹来，玫瑰、月季等花朵的花瓣随风而落，叶子也渐渐枯黄，早已没有了昔日的朝气，又是一场大雪，它们连说傲慢话的力气也没了。只有冬青依然生长在角落里，岁月不但没有在它身上留下痕迹，反而让它变得更绿了，成为冬日花园里唯一的风景。来到花园观雪景的人们，意外地发现了冬青，无不伸出大拇指夸它强壮，不畏严寒。

女生悄悄话

越是艰苦的环境越锻炼人，能在艰苦的环境中生存下来的人，必然是具有坚毅品格的人。行动上坚定、心理上坚强的人才是生活中真正的强者，他们不会在意冷眼，不会妄自菲薄，更不会失去信心，只会用实际行动证明自己。

战胜内心的恐惧

爱尔莎特别想学骑车，每次看到朋友们骑车从家门前经过，她都羡慕不已，又感觉自己被抛下了。因为有一次在学车时她从自行车上掉了下来，把胳膊摔断了，爱尔莎就再也不敢摸自行车了。

一天下午，在妈妈的多次鼓励下，爱尔莎终于鼓起勇气跟着妈妈来到公园学骑车了，但她还是很害怕，坐在车子上，胆怯地问："我如果再把胳膊摔断怎么办呢？"妈妈蹲下紧握着自行车的把手，直视着爱尔莎的眼睛，说："噢，宝贝，我不认为你会把另一只胳膊摔断的。"

"可是，还是有这个可能的，不是吗？"爱尔莎还是有些不确定，看着妈妈，一脸的无助，希望妈妈给自己一个答案。

"是的。"妈妈承认道。妈妈拼命想找一些道理说服女儿，可是女儿说的这个可能性还是存在的，她不想欺骗女儿。

爱尔莎刚鼓起的一点勇气又没有了，说："我不想学了。"说着，丢下自行车转身要走。女儿的倔强让妈妈也束手无策，但是她知道这个时候不能强迫女儿去学。女儿需要一个缓冲，这样可以减少她对自行车的恐惧感。

于是，妈妈陪着爱尔莎来到一棵树下，坐了下来。母女二人看着公园里的人们来来往往，一个个脸上都洋溢着温暖的笑容，爱尔莎的心也慢慢地放松了。

爱尔莎是一个特别喜欢交朋友的女孩，喜欢和朋友们一起玩耍，什么时候都不想落在朋友后面，对这一点，妈妈很清楚。于是，看到女儿的紧张舒缓了，妈妈才问："难道你不想跟朋友们一起骑车吗？"

爱尔莎肯定地点着头说："想啊。"眼睛里又开始充满渴望。

"你是不是还希望明年能骑着自行车去上学啊？"妈妈又说。这对爱尔莎来说无疑是一个鼓励，因为爱尔莎喜欢上学，喜欢学校。

"我是希望那样啊。"爱尔莎的声音有点发颤。

"知道吗，宝贝？"妈妈说，"无论做什么事情都是有风险的。汽车失事也会折断胳膊，跳绳也有可能把胳膊折断，做体操也有可能把胳膊折断。难道你连体操也不想练了吗？”

“不是。”爱尔莎听了妈妈的话，肯定地说，说罢她毅然决然地站了起来，同意再尝试一下。妈妈扶着车尾，直到爱尔莎勇敢地对妈妈说：“放手！”

那天下午，胆小的爱尔莎在妈妈的鼓励与帮助下，终于克服了恐惧，学会了骑自行车。

文生悄悄话

爱尔莎因为曾从自行车上掉下来摔断了胳膊，而对自行车充满了恐惧，但是在妈妈的帮助下，她还是克服了恐惧，因为她想骑车和朋友玩，骑车去学校。内心的渴望让她战胜了恐惧，让她变得勇敢。

勇敢的小女孩

很多年前的一天，一个十来岁的黑人女孩跑到一个美丽的种植园里，向种植园主索要 50 美分，这个任务是她妈妈交给她的。

种植园主正在忙碌着，女孩远远地站在那里，嘴里嘀咕着自己的任务，不敢近前。种植园主看了，就停下手中的工作，走过去问道：“小姑娘，你有什么事情吗？”小女孩手足无措地低下头，怯生生地说：“我妈妈说想要 50 美分。”

种植园主听了，又纳闷又生气，板起面孔，用一种可怕的声音训斥道：“你赶快滚，我绝对不会给你钱的！你若不走，我就用铁锁把你锁起来。”说完，又走过去忙碌起来。

过了好一会儿，种植园主抬起头，看到那个小女孩还在那里站着，于是他操起一根木棒朝着女孩挥舞道：“你怎么还在这儿，赶快走，如果你再不走，我就拿这个木棒教训你。快，趁着我还……”

他的话还没说完，只见那个小女孩突然跑到他跟前，仰起小脸，大声朝他喊道："我妈妈需要 50 美分！"

女孩的叫声让种植园主大吃一惊，他当时就愣住了，慢慢地放下手中的木棒，把手伸进口袋，很快摸出 50 美分递给了小女孩。女孩一把抓过去，飞快地跑开了。种植园主站在原地愣了好久，直到那个黑人小女孩跑得没了踪影。后来，每当种植园主回忆这段经历时，都会惊诧不已，他真没想到自己竟然被那个小女孩镇住了。面对自己的斥责与恐吓，那个小女孩竟然没有一点畏惧，这在以前，整个种植园中还没有一个黑人奴隶敢这样过呢！

那个黑人小女孩之所以敢这样做，正是因为在她的心里，勇气战胜了恐惧。

女生悄悄话

人生的路程很长，路上的荆棘、石头很多，稍不留神就有被荆棘扎伤、被石头绊倒的可能。所以我们一定要锻炼自己的勇气，只有这样，我们才能克服恐惧的心理，从而学会走自己的人生道路。

勇于迈出第一步

一只小鸟在窝里抬头看着其他高高飞翔的鸟，试着扇了扇翅膀，不禁自叹道："我真的做不到。"

"要是我飞起来的话，肯定会掉到地上摔死的。"小鸟为自己不去飞翔找借口。

"试试吧！"一只大鸟落在窝边的树枝上说，"只知羡慕却不尝试的话，你永远也学不会飞翔。"

可是，小鸟瞻前顾后，它犹豫了半天后才说："不行不行，我我会掉下来的。”

大鸟只得点点头：“那么，再见啦！我要飞走了。”

说完，大鸟拍动翅膀向着蔚蓝的天空飞去，越飞越高，越飞越远。

眼看着大鸟渐渐远去，小鸟又是一阵羡慕。它再次扇动了翅膀，“我飞起来了！”小鸟心里既害怕又兴奋，摇摇晃晃地飞着。起初，它只敢在低空飞，每升高一点它都会战战兢兢，飞着飞着它慢慢地变得勇敢起来，越飞越高。这时，它感觉高空并不像它想象得那么可怕、那么危险，这里亲近阳光，而且可以将广袤的大地一览无余。

大鸟低头看到小鸟在稳健地飞翔，欣慰地笑了。

“我可以和大鸟肩并肩飞翔啦！”小鸟抑制不住激动的心情，不停地扇动着翅膀。飞着飞着，它低下头，看到地面上的孩子们只有黑点般大小，小河就像一条丝带，参天大树仿佛一棵小草。顿时，一股自豪之情不由从小鸟心里升腾起来。

飞累了，它就学着大鸟那样停下来，伸展翅膀借气流的力量在高空中滑翔休息，看着身边时不时飞过的白云，小鸟大声喊道：“哦——我现在真快乐啊！”

文生悄悄话

万事开头难，迈出第一步往往需要很大的勇气，害怕失败只能走向成功的反面。只有开始走，才会慢慢看清远处的样子，没有经历过一番行走，就不能说前方是一片荒漠。

松子砸到小鸡后

一天，小鸡在树林里玩耍，突然，一颗松子落下来，正砸在她的头上。小鸡顿时吓得浑身发抖，身上的羽毛掉了一地。

“快跑啊！快跑啊！天塌下来了！”她大叫着去禀报国王。

在路上她遇到了小鸭子。“你跑这么快去哪儿？小鸡？”小鸭子问道。

“哦，快跑啊！”小鸡嚷道，“天塌下来了！”

“你怎么知道的？”小鸭子问。

“嗨！我亲眼看到的，亲耳听到的，我的头还被砸了一下！”

“可怕，这太可怕了！”小鸭子惊叫起来，“我们还是逃吧。”于是他们俩拼命地跑了起来。

不久他们遇到了小鹅。“你们去哪儿，小鸡和小鸭？”小鹅问道。

“天塌下来了！天塌下来了！我们要去禀告国王！”他们争着嚷道。

“什么？天塌下来了？你们怎么知道的？”小鹅问。

“我亲眼看到的，亲耳听到的，我的头还被砸了一下！”小鸡回答道。

“快跑啊！快跑啊！天塌了！”他们三个一起喊着，拼命地跑了起来。

“喂，你们三个跑什么呀？”正在路旁摇头晃脑散步的火鸡问道。

“我们在逃命！天塌下来了！”小鹅嚷道。

“我们要去禀告国王！”小鸭子嘎嘎叫道。

“你们怎么知道天塌下来了？”火鸡问。

“我亲眼看到的，亲耳听到的，我的头还被砸了一下！”小鸡回答。

“我一直在担心天会塌下来，那还不快跑！”火鸡惊叫起来，加入他们的队伍，一起慌张地跑起来。

“喂，喂！天气这么好，几位这是急匆匆地去哪里呀？”狐狸拦住他们道。

“什么好天气，天都塌下来了，还不快跑！”火鸡道。

“我们正要跑去禀告国王！你也快跑吧！”小鸭子道。小鹅和火鸡叫了起来，“还说什么！”

“你们怎么知道天塌下来了？”狐狸问。

“我亲眼看到的，亲耳听到的，我的头还被砸了一下！”小鸡回答。

“我明白了，”狐狸想了一下道，“那么，跟我走吧。我给你们带路。”于是，狐狸带着小鸡、小鸭一伙来了一个带着难闻气味的大树洞里。

“这是哪里？”

“怎么这么大气味？”

“国王在哪儿？”

小鸡、小鸭它们感觉不对，怀疑地问。

“哼，哼，哼，哼……”狐狸一阵奸笑，“这是我的家，在这里我就是国王！”说着向它们扑去。

女生悄悄话

夜色因为黑暗而神秘，人们因看不清而时常会对其恐惧，然而，当我们习惯了黑夜，它给我们的感觉就成了宁静与安心。害怕源于无知，都是我们自己胡乱想象出来的。为避免庸人自扰，请不要小题大做。

成功脱险的驴子

一天，一户人家的驴子不小心掉进了村庄里一口很大的枯井里。“一定要把驴弄上来！”驴的主人不停地想着办法，可是由于驴又重又大，枯井又深，不论主人如何努力，做了多少尝试，就是不能把驴子弄出井口。几个小时过去了，驴子还在井底痛苦地哀号。

最后，这位无话可说的驴主人决定放弃营救，可又不想让驴一直这样痛苦下去，他便请来左邻右舍帮忙一起将井中的驴子埋了。于是，大家一起挥动手中的铲子，开始将泥土铲进枯井中。

这头驴子很快意识到自己的处境和即将到来的死亡，更加凄惨地叫了起来，然而所有填土的人并没有因此而停下，反而为了尽早结束它的痛苦而加快了进度。然而出人意料的是，驴子的惨叫声居然停止了。

主人很好奇，于是探头往井底一看，眼前的景象令他大吃一惊：当铲进井里的泥土落在驴子的背部时，驴子的反应令人称奇——它将泥土抖落在一旁，然后站到泥土堆上面。

就这样，驴子每次都将大家倒在它身上的泥土悉数抖落在井底，然后再站上去，不但没有被土活埋，反而离井口越来越近。

没多久，这头驴子便得意地上升到井口，然后在众人惊讶的表情中快步地跑开了。

女生悄悄话

镇静，是勇敢的一种表现。生命的旅程中，我们难免会陷入“枯井”，甚至被落井下石。脱困的秘诀就是：将身上的“泥沙”抖落，然后站到上面去！前提是你必须先战胜恐惧，使自己的心安静下来。

战胜那只鹅

从前，一位八岁的女孩要去镇上的传教士家学刺绣。可是当她走到传教士家门口时，却遇到了一只凶猛的鹅。这只鹅看到女孩，二话不说就朝她扑了过来，还啄伤了她的手。女孩吓得号啕大哭，发誓再也不去学刺绣了。

能到传教士家学刺绣，可是一个难得的机会，不是谁想去就能去的。得知女儿的决定后，妈妈使劲哄劝，可是女孩就是坚持自己的决定：“如果没有人给我做伴，我就再也不去学了，那只鹅太可怕了。”

女孩害怕一出门就会碰到那只可怕的鹅，就不再出门了。后来的情况竟然发展到她一看到自己那个可怜的伤疤就会想起那只鹅，然后会全身发抖。那件事在她的内心深深地种下了恐惧的种子。

女孩的父亲看到这一切，觉得自己的孩子不能如此懦弱，以后的生活中，她还会遇到更多更大的困难，如果被一只鹅吓得不敢出门，那以后的生活她将如何面对呢？于是父亲找来一根长长的棍子交给女孩，说：“宝贝，你的胆子肯定比姐姐大，给，拿上这根棍子，如果那只鹅来了，你就大胆地向它走过去，然后用棍子狠狠地打它，它就会跑掉的。你要相信爸爸！”

女孩接过爸爸手中的棍子，心里虽然还是很害怕，但还是鼓起勇气对爸爸点点头。于是，女孩跟着姐姐来到传教士家，刚推开院门，那只凶猛的鹅又高高地伸着脖颈，发出可怕的叫声向她们冲过来，姐姐吓得飞快地跑出了院门。

女孩也很害怕，想跟着姐姐跑掉，可是她突然想起了手中的棍子和爸爸的话，她不能退缩。于是她闭上眼睛，伸出手中的棍子在空中一阵乱舞，那只鹅竟然被她吓跑了。女孩很惊讶，后来又觉得无比骄傲，她竟然战胜了那只可恶的凶猛的鹅。她欢呼雀跃，飞快地跑回家向父亲报告这个好消息。

父亲高兴地把女孩举了起来，对她说："我就知道，我的女儿是最勇敢的！"

后来，这个女孩成为德国著名的电器发明家，她就是伊丽莎白。几十年后，她在自传中说："童年的一点启示，无意间给了我无数次鼓励，并让我终生受用。遇到危险不能一味地回避，要勇敢地迎上去，加以痛击。"

文生悄悄话

从一定意义上来讲，危险是无处不在的，人要生存，就要学会面对危险、战胜危险。逃避并不能使你安全，只有直面危险，才能真正使你安全，拿出自己的勇敢来直面危险，你就能战胜它。

投入风的怀抱

春回大地，天气回暖。遥远的雪域高原，原来厚厚的冰层开始慢慢融化，水一滴滴从冰层上滴下，渐渐地汇聚成一条小河流。它唱着欢快的歌儿，从遥远的高山上流淌而下。

离开了寒冷的雪域高原，小河流一路向东而去，它要奔向那传说中的大海。河流一路经过了很多陌生的地方，也感受到不同的风土人情，每到一个地方都会受到了大家热烈的欢迎。路过村庄，农民用它来浇灌庄稼；路过草原，牛羊用它来解渴；路过森林，花草树木有了它的滋润，生长得更加健康快乐。

一路上，小河流也经历了不少艰难险阻。路过干涸的土地，差点儿就消失不见；路过悬崖峭壁，差点让它粉身碎骨；路过混浊的水塘，全身被污染得脏脏的……可是，它都闯了过来，不改志向一路向东奔去，因为它得心早已属于心前方更广阔的天地——浩瀚的大海。

这一天，小河来到了一片大沙漠。广袤无垠的沙漠在太阳的照耀下闪着白光，热浪一阵阵袭来。不用说，这是一个前所未有的巨大挑战。“我已经越过了重重的障碍，还怕这个沙漠？”小河流又信心十足地冲了上去。

一进入沙漠，小河流便吃惊地发现，身上的水流渐渐消失，虽然它有走过干旱土地的经历，可与这里相比，水流消失的速度，简直不可同日而语，而前冲得越猛，水流消失得越快。“也许这就是我的命运，我再也到不了那个传说中的大海了。”在一次次徒劳无功后，小河流灰心了，颓丧地自言自语着。

“只要微风能跨越沙漠，那么河流也可以。”就在河流准备放弃的时候，沙漠用非常低沉的声音道。

“微风可以飞过沙漠，可是我却不能。”小河流有些气馁道。

“那是因为你不愿放弃你现在的样子，所以你永远无法跨越我的身体。”

“放弃现在的样子？你等等！”小河流不解地道，“放弃现在的样子，就能像风一次飞越沙漠吗？”

“当然！”沙漠道，“如果你愿意让自己蒸发到微风中，微风就会带着你飞过我的身体。”

“蒸发，然后消失在微风中？不！不！”小河流从来不知道有这样的事情，也无法接受这样的事情，更没有过这样的经验，“那不等于自我毁灭吗？我怎么知道这是真的？”

“如果你化为水汽，微风可以把你包含在身体中，带着你，飘过沙漠。”沙漠的声音依然低沉，而且很有耐心，“到了适当的地点，它就把这些水汽释放出来，于是就变成了雨水。然后这些雨水又会形成河流，继续向前进。”

“那我还是原来的河流吗？”小河流还是不能接受。

“可以说是，也可以说不是。”沙漠回答，“不管你是一条河流或是看不见的水蒸气，你内在的本质从来没有改变。你在雪域高原待过，应该知道我说的不是假话。”

小河流不再说话，隐约记起，自己在变成河流和高原的冰层之前，似乎也是飞翔在空气中的水蒸气。就是由微风带着，飞越大戈壁，飞到高山，变成雨水落下凝固成冰的。

想到这些，小河流不再犹豫，鼓起勇气投入了微风的怀抱，奔向了生命中另一个全新的阶段。

女生悄悄话

我们在人生的道路上奔走，就像小河流奔向大海一样，英勇无畏固然值得褒奖，但变通也是少不了的。在面临生命中的障碍，单凭勇气无法跨越时，也需要有“放下自我”的勇气，改变一种方式，只有这样才完成新的突破。

只需要一抬腿的勇气

四月份的一个周末，莫妮娅与几个同学相约去郊外爬山。好不容易轻松地玩一次，大家都很开心，玩得很尽兴，不知不觉太阳就要落山了，他们还在山顶呢。假如原路下山，就要花费两三个小时，那样的话，天就黑了，大家要很晚才能到家。大家都有些害怕，尤其是向来胆小的莫妮娅。

这时，杰克说他知道有一条近路，走那条路不到一个小时就可以下山，不过，那条路上有一条小沟，不知道能不能跨过去。

大家抬头望了望天，发现太阳越来越低了，于是大家一致同意走近路。

大家很快走到那条小沟跟前。小沟大约有几米深，沟里哗哗地流着水，水声在幽静的半山腰里显得那样响亮、空洞，让人不由得想到不小心掉下去的惨景……大家都犹豫起来，不知道该前进还是该后退，而天却一点也不迟疑，正一点一点地暗下来。

这时，一个女孩站了出来，找了一根树枝在沟上面比画了一下，然后对大家说："我们跳过去吧，你们看沟就这么宽，大家跳跳试试。"说着，把树枝放在地上，让大家试着跳一下。在平地上，大家很轻易地就跳了过去，可是，面对着那条几米深的沟，大家还是有些胆怯。女孩首先走到沟边，使了很大劲，一下子跳了过去，然后开始鼓励后面的同学："你们也跳过来吧，没事，不用太大劲就跳过来了。"大家相互鼓励着，一个个也都跳了过去，就连莫妮娅在大家的鼓励下也跳了过去。

一行人很快下了山，不仅如此，他们还在那条路上发现了一大片粉红嫩白的桃花。当时的季节，桃花大多已经谢了，这一片绚丽不能不说是一道令人惊喜的美景。而且他们下山没多久，就下起了大雨。大家纷纷庆幸走了那条捷径，莫妮娅笑着说："那小沟并没有我们想象中的可怕，可怕的只是我们心中的想象而已。这不，我们一抬腿，就跳过来了。世事难料，安全也不是绝对的，如果我们选择那条熟悉的大路回来，说不定我们都成了落汤鸡了。"听了她的话，大家都哈哈地大笑起来。

文生悄悄话

生活中谁都有可能遇到这样或那样的沟沟坎坎，面临进退两难的选择，很多人都会感到恐惧和疑虑，就好像故事里的同学们面临的那条拦路小沟一样。其实，小沟并不可怕，说不定一抬腿就跳过去了。很多时候，在许多困难面前，人需要的只是一抬腿的勇气。

勇敢的傻大鱼

旱季渐渐临近，烈日将一条条曾经湍急的河流已变成了一个个的小水洼。

远处隐隐传来了大江的涛声，鱼儿们从一个水洼跳到另一个水洼，向着涛声奔去。

一个不大的水洼中，一条大鱼不停地喘着粗气，问躺着歇息的一尾小鱼："还有多远呢？"。

"早着呢！省省力气吧，到不了大江的。"小鱼悠然地在水洼里游了一圈道，"做什么大江的梦啊，现实点，就在这儿待着吧！"

"就这么一点水，要不了多久就会干的。"

"你再往前走几步又怎样？死在这里与死在前面有什么区别？结局都是一样的，懂吗？"

"就算真的到不了大江，总比没有尽力，到时后悔强。"

"到时你已经死了，还后什么悔呀？"小鱼自如地扭动着自己保养得很好的身体，嘲弄着已经转不开身的大鱼，"看看你笨重的身材，再看你身上的伤！老兄，面对现实吧，你已不年轻了！就算真的有鱼能到达大江，也轮不到你！"

小鱼的话让大鱼很心痛，它望着小鱼道："你们有如此娇小的身材真好，这么浅的水洼里也能自如呼吸，可是，再苦再难，我们大鱼也得朝前奔啊，我们也得把握自己的命运。”说完，大鱼一个纵身，跳入了下一个水洼，立刻又有几片鱼鳞脱落，肚皮已渗出斑斑血迹，身后立刻传来小鱼抑制不住的笑声。大鱼知道，小鱼是在笑自己动作笨拙，但对自己来说，要想活下去，除了向前，已别无选择。

看着越来越小的水洼，大鱼知道，前面的路将更加艰难，它已很难再喝到水了。沿途，到处是大片大片的鱼干，其中也不乏比自己灵活得多的小鱼。它不想成为鱼干，于是，再次用力跳入下一个水洼。

“没用的，省点力气吧！”每一个水洼里都有躺着懒得再动的伙伴，它们用同样的口吻“好心”地劝着大鱼。

“不，我想再坚持一下，涛声分明越来越近了。”大鱼说完再次向前跳去。

一下又一下，也不知跳了多久，大鱼终于看见了大江，然而，它的体力全部消耗在了奔江的路上，它死了般地躺着，眼睁睁地看最后一个水洼也干涸了，虽然只有一步之遥，可对于大鱼来说却远在千里。就在这时，即将干涸的河床在这个夏季最后的一股水流缓缓流过，大鱼抓住了这个机会，用尽最后一丝力气向前奔去。就在它跃入大江的那一刻，干旱以无法阻挡的步伐占领了这片土地。

女生悄悄话

生活不同情弱者，命运也不相信眼泪，一个人只要不自弃，就没有谁可以阻挡他前进脚步。每个人都希望站在山顶，但所有的幸福都发生在攀登的时候；每个人都有可能站在山顶，但前提是不能放弃攀登。只有那些最后站在山顶的人才知道——机遇是来过的。

他们说这是遗传

昆塔尼拉是个美籍墨西哥人，27岁的她已是两个孩子的母亲了。

一天下午，儿子所在学校的校长打电话告诉她，说她的两个儿子反应迟钝，只能编入与他们能力相仿的阅读小组里去。校长的话她明白，因为这样的事情自己小时候也曾经历过。而自己也是因为这个，觉得处处低人一等，所以在初中一年级上了4个月后辍学了，那年她13岁。如今同样的不幸在儿子们身上重演，让她伤心不已。

昆塔尼拉知道自己的儿子们是聪明的，只是因为英语差才受到影响。晚上，她想和儿子们谈谈，可儿子们的话让她再次震惊："妈妈，努力是没有用的，他们说这是遗传！"

那晚，昆塔尼拉一夜未眠，她忽然觉得，要想让儿子们好起来，自己必须先好起来。于是，她开始死啃教科书、硬背字典、自学英语，然而进步却慢得让人灰心。面对儿子们嘲弄的目光，昆塔尼拉决定重新去上学。可是，所有的学校看了她的履历表后都拒绝了她。

为了儿子们，昆塔尼拉再次燃起了希望，于是她去找儿子们的校长。当她诉说了自己的想法后，校长建议她到得克萨斯南方学院去试试。出乎意料，该学院被她的动机与强烈的求知欲所感动，答应让她去上四门基础课，不过前提是考试不及格就得走人。就这样27岁的昆塔尼拉再次踏上了求学之路。

昆塔尼拉每天上午乘车去学校，中午赶回来为丈夫和公婆做午饭，接着收拾，然后赶回学校，下午放学接孩子们一起回家，之后做晚饭、做家务……即便是这样，昆塔尼拉学习仍然努力。在院长的鼓励下，她的成绩大幅度提高，事实证明她的接受能力很强。

随着知识的深入，她忽然觉得自己不能只为了让孩子们看而学习，而应该有一个大学学位。于是一年后她进入了一所大学，离家有 70 英里的路，她每周二、四两天坐车去上课，一、三、五仍在得克萨斯南方学院上学。3 年后，她取得了初级学院的学位，还以优异的成绩取得了这所大学的理科学士学位。

由于她的鼓励和感染，孩子们各方面的能力都迅速提高，自信心也增强了，不仅转回了正常班级，成绩也名列前茅。

1971 年，昆塔尼拉被授予西班牙文学硕士学位；1977 年，她又取得了博士学位；1981 年，她还被提升为一所大学的教务长助理，在此期间，她的两个孩子也先后上了大学，是学校里成绩最好的学生。

也是一个午后，儿子的校长打来电话，告诉她两个孩子再次夺得各自年级的第一名。那个晚上，大儿子对她说：“妈，你是最好的，我们也是最好的！”

“真的吗？”昆塔尼拉问。

“当然。”二儿子道，“他们说这是遗传！”

昆塔尼拉笑了。

文生悄悄话

人生在世，我们难免会遇到困难，迷茫而彷徨，不过这没关系，因为它不代表我们软弱，也不能说我们是个失败者，除非是你将未来和希望遗弃，甘愿一辈子做一个胆小懦弱之人。

勇敢地向前迈出一步

女孩从小就很胆小，走在路上遇见一只小狗就怕得不行，这种性格让她逐渐变得沉默寡言，更不敢参加一些集体活动，每天只是埋头读书。

有一次上体育课，老师要求每个同学练习跳水。站在高高的跳台上，女孩的恐惧感又涌上心头，双腿开始颤抖。她真的很担心跳下去摔坏了，她吓得眼泪都掉了下来。专门来学校看她的父亲鼓励她说："孩子，不用怕，你还没有试，怎么就知道自己不行呢？跳下去！"可是她还是不敢。父亲又说："相信自己和爸爸，你跟同学们一样，你是勇敢的。"于是女孩向前迈出一步，然后闭上眼尖叫着跳了下去。游上岸后，同学们拼命给她鼓掌。当时她很激动，说道："天啊，我竟然成功了！"

后来，女孩变得越来越胆大了，这时她发现，困难其实并不像想象中那样可怕，只要勇敢一搏，任何难题都可以解决。

从那以后，女孩在学业上进步很快，两次参加国家奥林匹克数学竞赛，而且还取得了优异的成绩。32岁那年，她还获得了物理学博士学位。女孩还逐渐养成了热爱挑战的性格，她对体育、文化、政治、经济都产生了浓厚的兴趣，并深有研究。

这个女孩就是安格拉·默克尔，德国总理。在竞选中她击败了连续执政七年的上一任总理，成为德国历史上第一位女总理。任职期间，她又以大胆果敢、雷厉风行的政治作风引起了国内政界的震动，被外界称为欧洲政坛的又一位"铁娘子"。

当别人问她成功经验时，她只说了一句话："当你脚发抖的时候，请勇敢地再向前迈出一步，你就胜利了！"

文生悄悄话

每个人在成长过程中都会遇到许多意想不到的困难，这个时候，不妨勇敢地向前迈出一步，这样你就能战胜懦弱和恐惧。一步赢得成功，一步改变人生，轻轻的一步，却是人生的大智慧。

重要的一课

一个冬天的下午，大风裹着雪花肆虐着大地，呼啸之声犹如无数个怪兽在狂奔，雪花急忙寻找着袭击对象，在教室的窗外飞扬，寻找着缝隙好挤进教室。

看着教室外狂风乱作，同学们都在心里叫冷，读书的心思似乎也被这恶劣的天气打消了，教室里满是跺脚声。

这时，雷科巴老师推开门走了进来，鼻子冻得红红的。在门口等了好久的风跟在老师的身后挤了进来，顿时将墙壁上的《世界地图》吹起老高。

雷科巴老师一向很和气，面对学生总是一脸笑容，然而，今天的他却一反常态，满脸的严肃庄重甚至冷酷，一如室外的天气。乱哄哄的教室立即安静了下来，学生们惊异地望着雷科巴先生。

雷科巴老师扫了同学们一眼，说："请同学们放好书本、我们到操场上去。"

同学们全把目光投向了老师，一脸惊讶地问："什么？去那里干什么"

"我们到操场立正五分钟。"

“今天老师疯了吗？这么冷的天，还下着大雪，让我们到外面站五分钟！”大家的脸上泛起更深的疑惑，没有一个人走出去。

最后，雷科巴老师下了命令：“谁不去，就永远别上我的课！”看出老师不是开玩笑，同学们只得裹紧衣服走了出去，不过，还是有几个娇滴滴的女生和几个不怕老师的男生没有出去。

雷科巴老师把学生带到学校西南角的操场上。操场的南边是空旷的菜园，再往南是一个池塘，可是在大雪的覆盖下，操场、菜园和池塘都连成了一片，根本分不清哪儿是哪儿了。

大雪已经堆了很厚，大雪飞扬着一个劲地往人脸上扑，使得同学们睁不开、张不开嘴，脸上像有无数把锋利的刀在划，同学们都不由得紧了紧厚厚的衣服，可是仍然觉得全身像块冰，脚像踩在冰碴里。

同学们全都挤在操场边上的一间屋子的屋檐下，再也不愿向操场迈出半步。

雷科巴老师没有再说什么，而是面对着学生站定，然后开始脱衣服，先是外套，再是毛衣，在大风的帮助下，雷科巴老师很快脱得只剩下了一件衬衫。

他苍白着脸对学生们说：“快到操场上站好！”

看着冻得嘴唇乌青的老师，同学们不敢再犹豫，全都规规矩矩地站在了操场上。

五分钟既漫长又迅速地过去了，雷科巴老师平静地宣布解散。

回到教室后，雷科巴老师说：“坐在教室里，我们都以为自己敌不过这场风雪，其实，它没什么大不了的，我们不是在雪地里站了五分钟吗？如果让你们站半个小时，你们一定也顶得住；叫你们只穿一件衬衫，你们照样顶得住。面对困难，许多人往往戴着放大镜，但是，如果放手与困难拼搏一下，你会发现，困难不过如此……”

听了老师的这一番话，同学们都暗自庆幸，自己没有缩在教室里，在这个风雪交加的时刻，在那个空旷的白茫茫的操场上，他们学到了人生重要的一课。

女生悄悄话

面对困难，很多人停下了前进的脚步；而那些取得成功的人士明白，只要敢于和困难拼搏一下，就会发现困难不过如此，并没有想象中那么可怕！

第三辑　用磨难治愈玻璃心

不经一番寒彻骨，怎得梅花扑鼻香。

——冯梦龙

美丽的乒坛神话

邓亚萍，1973年2月6日生于河南郑州，一米五五的身高，任谁也不会想到她是打乒乓球的料，更没人想到她会在乒乓球运动中有所成就。然而，她却凭着苦练，以罕见的速度，无所畏惧的胆量和顽强拼搏的精神，创造了一个个乒坛神话。

5岁那年，邓亚萍跟父亲学打球，可是因为她个子矮，根本不符合体校的要求，没有一家体校向她敞开大门。她只得跟父亲学，不但每天练体能，还要做上千个接发球动作。虽然当时邓亚萍年纪尚小，但骨子里却透着一股狠劲儿，为了能使自己的球技更加熟练，基本功更加扎实，她便在自己的腿上绑上沙袋，而且每天坚持用铁球拍进行练习。这不但会使身体备受煎熬，心理方面也要承受巨大的压力。闪、展、腾、挪，每一步都可以用举步维艰来形容。腿肿了她咬牙挺着，手掌磨破了痛得钻心，她把泪水往肚里咽，从没听她叫过一句苦，喊过一声累，要知道这可是一个几岁的孩子呀！就连以训练严酷著称的父亲，有时心疼得都会转身落泪。可是，为了弥补身体的短板，父女俩只能拼了。

付出就有回报，十岁的邓亚萍便在全国少年乒乓球比赛中获得团体和单打两项冠军，顺利进入了国家队。之后，邓亚萍不但没有松劲儿，反而更严格地要求自己，主要给自己加负荷：队里规定上午练到11点，她就给自己延长到11时45分，下午训练到6时，她就练到晚上6时45分或晚上7时45分，封闭训练规定练到晚上9时，她练到晚上11点。在队里练习全台单面攻时，邓亚萍依旧往腿上绑沙袋，而且面对两位男陪练的左攻右击，一打就是2个小时。在进行多球训练时，教练将球连珠炮似的打来，邓亚萍每次都是瞪大眼睛，一丝不苟地接球，一接就是1000多个。据教练张燮林统计，邓亚萍练习接发球每天不低于10000个。每一节训练课下来，衣服都如同水里捞出来一样，脚就像在水里泡过一样，有时甚至连地也会浸湿一片，不得不换衣服、鞋袜，甚至换球台再练。

长时间的高强度训练导致邓亚萍身体很多部位都是伤病，从颈到脚几乎没一处好地方，腰肌劳损严重，她不得不系上宽宽的护腰，踝关节几乎长满了骨刺，平时只好忍着，实在痛得利害了就打一针封闭，脚底磨出了血泡，就挑破它再裹上一层纱布接着练。就算是伤口感染，挤出脓血也要接着练。

功夫不负有心人，1986全运会冠军，1988年亚运会冠军，1990年世界锦标赛冠军，1992巴塞罗那奥运会冠军，1993年瑞典世乒赛冠军，1996年亚特兰大奥运会卫冕……邓亚萍先后18次在世界大赛上折桂，连续8年世界乒坛排名第一，她用自己的努力创造了乒坛不可复制的神话。

女生悄悄话

不受苦中苦，难为人上人！苦痛是人生的必修课，要想追求到美好的人生，必先经历磨难，才能品尝到苦后的甘甜，而要想在经历痛苦时不那么痛苦，就必须学会以苦为乐。天将降大任于斯人也，必先苦其心志，劳其筋骨，饿其体肤……这样想你还会那么痛苦吗？

一双隐形的翅膀

有一个姑娘，出生时就没有双臂。稍大一点，她发现了自己与别人的不同，便问父母："为什么别的小朋友都有胳膊和双手，可以拿饼干吃，拿玩具玩，而我却没有呢？"

"因为你是天使，是上帝派到凡间的，"母亲笑着道，"只是你性子太急了，来时把翅膀落在天堂了。"

女孩听了很高兴，道："等我长大了，上帝会把我的翅膀拿回来，那样我不但能拿饼干和玩具，还会飞了。"

6 岁那年，母亲请医生为女孩安装了一对精致的假肢。那天，母亲对她说："我的小天使，你的这对翅膀真是太完美了。"然而，冷冰冰的感觉，再加上入学后同伴们的取笑，让她意识到这东西不是自己的翅膀而是假肢，而自己就是一个没有双臂的残疾人。随着年龄的增长，她越来越感觉到残疾的不幸与可怕，笑容也渐渐在她脸上消失了。

14 岁那年的夏天，父母为了能让她开心起来，特意带她乘船到夏威夷度假。一路上，不论父母如何取悦她，她都不说话，一个人站在甲板上，任两截空飘飘的衣袖随风飞舞，看到海鸥在风浪中自由飞翔，她心中总有说不出的惆怅，不禁叹息道："要是我有一双翅膀多好，哪怕只让我飞一秒钟。"

这时，耳边传来一个苍老的声音："孩子，其实你也有一双翅膀！"女孩循声望去，当她看到说话的老人时愣住了。这是一位黑皮肤的老人，没有双腿，整个身体就固定在一个带着轮子的木板车上……此刻，老人用双手熟练地驱动着木板车，在甲板上自由来去。

也许是同病相怜吧，老人与女孩说了很多话，最让她忘不掉的是，老人脸上自始至终挂着的笑和老人给她的临别赠言：“孩子记住，那双翅膀就隐藏在你的心里。”

回去后，女孩不再郁郁寡欢，开始练习用双脚做事：她用脚先练习写字、吃饭、梳头；后来又练习穿衣、剥口香糖；为了让双脚保持柔韧有力，她每天通过走路和游泳的方式来锻炼。过于劳累，使她的脚趾经常麻木、抽筋。

一天，女孩又在游泳池里练习，由于过度疲惫，两个脚踝竟然同时抽筋沉入水中，虽然她拼命地挣扎，还是喝了一肚子水，还好教练及时发现，将她救了起来。就是这样她也没停下自己前进的脚步，依然不懈地努力着。

在她的不断努力下，双脚越来越敏捷，不但学会了打电脑、弹钢琴，还获得跆拳道“黑带二段”的称号。渐入佳境的她还以优异的成绩获得了大学心理学学士学位。

之后，她又开始练习用双脚开汽车，居然比普通人拿到驾照还快。再后来，她又获得了轻型飞机的驾照，成为美国历史上第一个只用双脚驾驶飞机的合法飞行员。真正圆了她的飞翔梦。

女生悄悄话

不论自身条件有多差，不论外在环境有多险，都不会成了人生成败的决定因素。因为任何外在的力量都囚禁不了心灵，束缚不了梦想。不管我们的命运面临怎样的困厄，生活给予了我们怎么样的磨难，只要拥有坚强的信念，谁也阻止不了我们人生价值的实现。

盲人调琴师

她一出生就被诊断患了先天性白内障，即使做了手术，视力也很差，与一个双目失明的盲人差不了多少。父母无法接受这个事实，就把她遗弃了。外婆心疼她，把她抱回了家，在她十个月大时，医生为她做了手术，她的左眼，能模糊地看见手指头，右眼则完全失明。她的世界从此只有黑暗。

外婆不愿她从此成为一个弱者，一辈子靠别人的乞怜生活，就严格地训练她，练就了她过人的听觉和触觉，不依靠任何导盲物，她就可以单独出门，甚至拿东西也不必摸索。长大后，她进入盲人学校学习钢琴调律，毕业后她被分配到一家钢琴厂工作。然而好景不长，她因为一次迟到被炒了鱿鱼。

为了养活自己，她只得再次踏上找工作的征程。她奔波于二十多家琴行应聘，可是当别人知道她是盲人后，都摇头拒绝了她。

一连吃了多次闭门羹，她有些沮丧，谁让自己是个盲人呢。为了让自己应聘顺利，她决定冒充健全人，她想反正没人看出她是个盲人。拿定主意后，她便来到一家规模较大的琴行应聘。果然，经理没看出她有什么不同，就找出一台琴让她调。她调得很熟练、很准确。经理很高兴，马上表示录用她，让她第二天就去上班。

没想到她的第一项工作就是亲自上门帮顾客调琴。她根本找不到地方，于是迟疑半天，只得把自己的实情告诉了经理。经理惊讶之余，却肯定地说："你的工作只能是上门服务，钢琴卖到哪儿，你就要走到哪儿。没人带你，你能找到用户家吗？走到路上被车撞了怎么办？”经理的话很直白，可是也合情合理，看样子她又被拒绝了。

可是她没有离开，而是对经理说：“每年都要发生很多交通事故，可是撞死的人中没有一个是盲人。”经理不明所以，一脸疑惑地看着她。她继续说道：“这是因为盲人知道自己看不到就会躲得远远的，听到汽车来了就会尽量靠边。”

经理赞赏地点了点头，她看到有了转机，马上保证说：“你先给我一个月的时间去熟悉大街小巷，到时候你再决定要不要我。”话说到这个份上，经理也就同意了，而且经理看她调琴的技术实在很熟练。

一个月后，她果然熟悉了这个城市的每一条街道，顺利得到了这份工作。她凭着超常的毅力克服了许多困难，逐渐在琴行站稳了脚跟，一干就是好几年。正当老板要重用她时，她冷静地炒了老板的鱿鱼，开始做个体钢琴调律师。后来，成为中国音乐家协会钢琴调律学会注册会员。她就是著名的第一代盲人钢琴调律师陈燕。

文生悄悄话

成功总是眷顾有准备的人，无论你的境遇如何，你都要抱有希望，克服一切困难，笑对人生。

逃到天堂的女孩

在美国旧金山有个小女孩，因为是黑人，在当时种族歧视严重的年代，她每天都总要受那些白人孩子的欺负，特别是学校门口，那些白人男孩子总在等着她，以至于每天上学放学经过校门时，都是她最难挨的时刻，对于一个只有十岁的小女孩来说，那是一种折磨，也是一种痛苦。

眼看就要到校门口了，女孩的心又开始怦怦乱跳起来。她深深吸了一口气，才向校门走去。她的身影刚一出现，随着一声“黑蛋来了”，他们呼啦啦一下包抄了过来。“黑蛋”是他们给她起的外号，带有一定的侮辱性。

“黑蛋，黑蛋……”他们不停地喊着，向女孩靠近，女孩则紧盯着靠近的人群，突然，她直冲向那些孩子，就在那些男孩子一愣神的功夫，她绕过他们向校门跑去。那些男孩子明白过来，呼啸着奔跑围拢过来时，她已快速地冲向了教室。

这是女孩新想到的招数，最初的时候，她还没有学会逃跑，只是被动地忍受着男生的欺负，直到有一天，一个男生将泥巴拍在她的脸上。就是那个时候，她决定要反抗，可是又打不过他们，所以只有选择逃跑。一开始也跑不掉，可是后来她发现自己逃跑的速度越来越快，越来越灵活，虽然那些男生千方百计地堵截，可她总是能成功地绕过他们。

老师对她很好，所以一进到教室她就不怕了。下课后，她通常都坐在那里安静地看书，任那些男生在外面狂喊乱叫，也不轻易出去。为了不被那些日益健壮的男生追上，她时常会去僻静的郊外狂奔，来锻炼自己的速度和耐力。后来，女孩升入中学，可情况依然如此，那些长大了的男生对她的兴趣丝毫没有减弱，还是一样，一见她便围拢过来极尽嘲讽。因此，女孩的逃跑生活依然继续着。

有一次，女孩又被男孩子们堵住，不过很快就被她一阵风一样地逃脱了，就是这次她引起了一个中年男子的注意。中年男子惊讶地看着她，直到她的身影消失在教室中。女孩进教室不久，中年男人便走了进来，走到她的面前，微笑着说：“我叫埃蒙，是这里的体育老师。我看你的短跑能力很突出，不知有没有兴趣参加市里的中学生运动会？”“参加运动会？”女孩做梦也没想到，自己的命运会由此发生巨大的转变。

事实证明埃蒙老师确实独具慧眼，市中学生运动会上，女孩极轻松地赢得了一百米、二百米和四百米的三项冠军。之后，女孩被抽调到市里的体育队进行专业训练。不过这一切并没有改变她的命运，每天还要应付那些讨厌的男生，只是现在那些男生早已连她的边儿也沾不着了。

中学毕业后，女孩成了一名专业的短跑运动员，十八岁那年，一举夺得全美的女子田径大赛一百米和二百米两项冠军，接下来的几年中，她更是无数次地站在最高领奖台上。当记者问起她的感受时，她笑着说：“这个领奖台的高度快达到天堂了吧，我可是一路逃到这里的！”接着她讲述了自己的学生时代，最后很动情地说道：“我每次面对终点线，都有一种面对学校大门的感觉，不同的是没人追着我喊‘黑蛋’了，当年的那些淘气的男生，有几个已成了我的好朋友。也不知那些孩子还记不记得当年的那个‘黑蛋’，是他们把我追到这领奖台上的！”

这个女孩就是美国短跑名将凯瑟琳。

女生悄悄话

每个人都不是无缘无故存在的，同样，人生的每一件事，既然出现了就一定有它存在的必然性。生活就是一张由问题编织的网，困难逆境同样是这张网上不可或缺的线，所以，发生在自己身上的任何事情都要乐观对待，因为它同样是构成你完美生活的一部分。

我的另一只翅膀

迪卡娅是个乖巧可爱的小女孩，在她两岁的时候，父亲又有了新的家，小迪卡娅跟着母亲生活。母亲没有再婚，而是一心一意地照顾女儿，可以说母亲把所有的爱都给了小迪卡娅，迪卡娅不但没觉得与别的孩子不一样，而且感到很幸福。

12 岁那年的一天，课堂同学们表现得都特别好，老师夸大家是“一群可爱的小天使”，有个同学调皮道：“那我们为什么没有翅膀呢？”“谁说你们没有翅膀，你们的翅膀就是你们的爸爸和妈妈！”老师笑着道，“有了这两只翅膀，你们想飞多高就飞多高，想飞多远就飞多远！”听了老师的话教室里顿时一片欢腾，唯独小迪卡娅低垂着头，此时的她，忽然意识到自己少了一只翅膀。

放学回家，迪卡娅问母亲：“妈妈，我是天使吗？”

“当然！”妈妈笑着道，“你是妈妈最可爱的小天使！”

“老师说，我们的翅膀就是爸爸和妈妈。可是……”迪卡娅停了一下，咬了咬牙，道，“可是，我的另一只翅膀在哪儿呢？”这是她第一次在母亲面前问起父亲，以前她看到别的孩子有爸爸，虽然有疑问，但从来没有问过。

妈妈沉默了一会儿道：“迪卡娅，你听妈妈说，有些天使并不是生来就有一对翅膀的。”

“为什么呢？”迪卡娅感到好奇，“为什么上帝不给她们一对翅膀呢？”

“我的孩子，那是因为上帝最喜欢那些天使，所以只给她们一只翅膀！”母亲抚摸着她的头道。

“上帝既然那么喜欢她们，怎么还让她们残缺呢？”迪卡娅更迷惑了。

“那是因为上帝给的翅膀不够有力。”母亲低头亲了亲她的小脸，说道，“只有自己在世界上寻找到的翅膀，才最美丽、最有力！”

“真的吗？”迪卡娅若有所思地看着母亲，见她点头，问道，“那我该去哪里寻找另一只翅膀呢？”

“另一只翅膀需要用爱去交换！”母亲道，“你对别人付出一份爱，别人就会回报你一根羽毛，当你付出的爱足够多时，你的翅膀也就找到了！”

“哦，我明白了！”迪卡娅搂着母亲的脖子亲了一口，高兴地说道，“我要开始寻找另一只翅膀了！”

从那以后，出门时遇见需要帮助的人，迪卡娅都会伸出援手，她为卖冰点的人举伞遮过凉，搀扶过老人过马路，帮助小同学补习过功课……整个像变了个人似的，每天在身边的世界中轻盈跳跃，把一份份纯真的爱送给每一个人。人们都亲切地称她为“爱心小天使”。

毕业后，迪卡尔做了护士，用心关爱着每一位病人，她很快便成了医院里最受患者欢迎的人。后来，她做了志愿者去了非洲，用自己的微笑，把温暖和希望带给每一个流离失所的人，那里的人们都称她为“最美丽的天使”。

圣诞节那天，迪卡娅寄了一张明信片给远在美国的母亲，上面写着：“妈妈，我终于找到我的另一只翅膀了……”

文生悄悄话

有一首歌这样唱道：世间自有公道，付出总有回报……的确如此，天地间那杆无形的大秤对每个人都是公平的，只要你真心付出，必然会得到美好的回报。而这种回报往往是超值的，当你付出爱的时候，回报你的不仅仅是爱，往往还有快乐。

劣势也能是优势

有一个叫玛卡的女孩，一出生就是一条腿长一条腿短。随着年龄的增大，她渐渐意识到了自己与别人的不一样，在太多的白眼与嘲笑声中，她变得沉默而敏感，用自卑把自己封闭起来。

体育课时是玛卡最难熬的，因为行走在队列之中，她那双腿格外显眼。而且，许多活动她都参加不了，只能独自坐在一边，羡慕别人。上了中学以后，以前的难堪并没减少，而且又添了新的尴尬，那就是每天第二节下课的课间操，当着全校的学生的面做自己独特的操，那种尴尬可想而知。她每次都能听到周围同学的嘲笑。每当这个时候，玛卡所想的只有一件事，那就是快点结束，快点逃回教室。

嘴长在别人身上，总不能给他们的嘴堵上吧！玛卡只能默默忍受，谁让这是事实呢。于是，她什么活动也不参加，而且每天拼命地学习，想以此冲淡自己心中的痛苦。成绩的飞速提升、老师的夸赞也曾让她短暂忘记苦恼，可是每次都很快又跌入现实。

初二那年的夏天，有一次班里组织爬山，老师要求每个同学都得参加，谁也不能请假。这让玛卡慌乱不已，同时也不停地在心里埋怨老师，没有考虑自己的感受。因为腿有毛病，玛卡平时连门都很少出，更别说爬山了，那是从来没有的事。自己爬山又是个什么样子？别人又会怎样地嘲笑自己？玛卡不敢想下去，可是……她只得硬着头皮去了。

自己是怎么上车的，车上同学们都兴高采烈地说些什么，怎么下车的，下车后老师又交代了什么，玛卡一概不知。山虽然不是很高，却很陡，而且没有现成的路，只能一步步地向上爬！当玛卡心里还在打战不知如何是好的时候老师已经下了“爬山命令”，老师叫她的名字，她回过神的时候，同学们早已冲出老远。拼了，总比不敢上强吧！玛卡猛地向前冲去。

刚开始玛卡还踉踉跄跄，可一上到山坡上这种感觉立刻没有了。原来在爬山的时候，别人是看不到出她的缺陷的。而且，由于一条腿长一条腿短，她迈步攀登在高低不平的山坡上竟比别人省力得多。这一发现让她惊喜不已，很快地，她便赶上并超过所有的人。当她第一个登上山顶时，身后的老师、同学都对她报以热烈的掌声。

“妈妈，我今天爬山第一个到达的山顶！”这是玛卡懂事以来第一次如此兴奋，“妈妈，为什么在平地上走路我摇摇晃晃的，而爬山的时候却又稳又快呢？”

妈妈高兴地摸着她的头说道：“孩子，人生的路就是像爬山一样是不断向上的过程，上天给了你两条不一样长的腿，就是让你比别人走得更高啊！”玛卡先是一愣，随后她感到有一股温暖的力量从心中涌起。

文生悄悄话

残疾对于任何人来说都是一种不幸，可是我们却不能一直为这种既有的不幸叹息不已，进而活在痛苦的阴影之中。世上任何事物都不是一成不变的，在某个特定的时期，劣势反而是优势。只要你的心不曾残缺，就一定会抵达人生的高地。

美丽的追风女孩

美国加州有个女孩叫波茨娅，十一岁那年，一场变故让她那双美丽的眼睛永远失去了光明。当眼前的世界变成一片黑暗，她失去了方向，像一只暗室的蝴蝶，空有双翅，却无法飞翔，甚至无法感知世界的存在。整整两年她一直生活在茫然与惊恐中。

十三岁那年，妈妈带她去拍照，她愤怒地拒绝了。她不愿戴着的黑黑的眼镜，更不希望别人看到她那茫然无神的眼睛。不论妈妈如何劝说她就是不去，最后妈妈许诺一定不会在照片中出现她所想象的形象，波茨娅才算勉强同意。一路上她都在想妈妈会用什么办法兑现自已的承诺。

波茨娅家门前不远处有一个小土冈，妈妈拉着她走了上去。因为站得高，所以风很大，波茨娅感觉自己睁不开眼睛，头发在风中向后飞扬。她还在感受着风的猛烈的时候，妈妈却告诉她已经拍完了。

“照片上真的看不出我是盲人吗？”波茨娅担心地问。

“你不信妈妈，但有人会告诉你的！”妈妈有些神秘地说道。

两周以后，波茨娅收到了不少来自全州各个地区的来信，她这才知道妈妈把自己的照片发到了网上。妈妈给她读信时，波茨娅惊讶地发现，没有一个人看出自己是个盲人。妈妈还告诉她这组照片的名字叫“一阵风的美丽”。

因为风让她变得完美，所以，从此波茨娅喜欢上了风。于是，门前的高冈便成了她常去的地方，站在高冈任思绪在风中飞扬。

然而，大风不是每天都从门前经过，每当风停的时候，波茨娅便会变回那个封闭黯淡的自己。于是，她向妈妈说出心中的苦恼。

“那年玩彩旗的事你还记得吗？”妈妈问道。

“当然记得！”波茨娅一下子想起来，事实上她很少去回想失明前的往事，“一开始风很大，我玩得很开心，后来没有风了，彩旗飘不起来，我还大哭了一场呢！”

“后来呢？”妈妈问道。

“后来，你让我举着旗奔跑，旗就飘起来了！”波茨娅一下子站起来，“啊，妈妈，我知道该怎样得到风了！”

从那天起，大家总能看见一个小女孩在野外奔跑，一头秀发在身后扬起，衣襟飘飘，如风的精灵美丽地掠过。这个女孩就是波茨娅，她在风中徜徉，逆风而上，丝毫不知疲惫，为了让风更大些，她越跑越快，快得她觉得自己化成了风的一部分。波茨娅的追风奔跑终于引起了人们的广泛关注。有一天，体育老师找到她，对她说：“你跑得这么快，应该参加学校的运动会！”这句话犹如锤子一般，重重地敲在了波茨娅的心房上，她已将自己埋藏得太久，自己都不知有多久没有参加学校的活动了，也就这一敲，敲碎了包围在波茨娅心房外的厚厚的坚壁，一缕阳光直直地洒了进去，让她的心房一下亮堂起来。于是，波茨娅报名参加了学校的运动会。

跑道上，波茨娅用自己奔跑的身姿迷倒了在场的不少人，一连获得了五个项目的冠军，成了那整个会场最闪亮的明星。那年波茨娅十六岁，她的生活发生了天翻地覆的变化。她被特招进市里的体育队。每当她跑完最后一米，站在终点线时，听着身后有很多跑步声；每当她站在最高的领奖台上，亲吻金牌的时候，她便会告诉自己：“我是一个追风的女孩，只要不停地奔跑，我的生命大旗就能一直高高飘扬。”

文生悄悄话

不要因一时的不幸而自卑，要知道，塞翁失马焉知非福？如今这所谓的不幸，谁又能肯定它不会是另一个美好的开始？“我是一个追风的女孩，只要不停地奔跑，我的生命大旗就能一直高高飘扬。”是的，只要你不放弃追求，美好的未来一定在前方等着你。

假结婚的苏菲

苏菲·柯瓦列夫斯卡娅生于莫斯科一位将军家庭，在父亲与舅舅的影响下，她从小就对数学有着浓厚的兴趣。上学时更善于创造性思维，方法独特深得老师喜欢。14 岁便可以独立完成对三角公式的推导，以至于被大家称为“新巴斯卡”。15 岁就开始学习高等数学，就是著名数学家斯特兰诺留勃斯基对其天赋也赞赏有加。

1867 年，17 岁的苏菲便学完了全部高中课程，但当时的俄国与很多国家一样，大学校门对妇女都是关闭的，要继续求学的唯一希望是到国外去，这却遭到了父亲的强烈反对。为了摆脱家庭的束缚和争得出国的机会，苏菲采取一种假结婚的办法，选择一个志同道合的，也想出国求学的莫斯科大学古生物系毕业生，形式上结成夫妻，她才得以在 1870 年春与“丈夫”和姐姐一起离开俄国前往德国。为了能得到名师指点，她来到了德国著名的柏林大学。

这天，时任数学系教授的数学家魏尔斯特拉斯，正对着桌上一沓厚厚的数学论文稿冥思苦想。突然，办公室的门被推开。教授抬头一看，进门的是一位未曾谋面的女青年，此人正是苏菲。

“您来这里找我，一定有什么重要的事情吧？”教授问。

苏菲面带羞涩道："我从俄国来到这里，想拜您为师，因为我对数学很痴迷，可一直苦于没有名师指导，但不知您是否愿意？"

教授想了一下，便毫不犹豫地回答："将学生培养成才是我的责任，我很高兴收下您这个学生。"拜师仪式就这样在短短几分钟内完成了。

然而，当教授的学生并非易事，当下面对的便是几十道具有较高难度的题目。让教授感到意外的是，面前这个略显青涩的女孩全部答对，而且许多解法都很有创意。于是，他马上替她去学校注册。然而，当时的柏林大学与俄国的大学一样，不收女生。尽管教授一再肯定苏菲在数学方面的天赋，可是校方就是不答应。

当教授把情况告诉苏菲后，苏菲难过地哭了，苏菲实在想不通，自己的求学之路竟然这么难，她难过地说道："不能成为您的学生是我此生的遗憾。我失去了这次机会，我的数学梦将破灭，生活对我已经没有什么意义了。"

正当苏菲要离开的时候，教授拦住了她："不！尽管学校不收你，但并不等于我不能教你，如果你愿意，从今天开始你就是我不注册的学生了！"

苏菲听罢再次流下了眼泪，不过这次是幸福的泪水。

苏菲就这样成了教授的编外弟子，她每星期天的下午来听教授讲课，不论是寒冬酷暑，还是恶疾缠身，从未停止过。在柏林的四年，她不仅学完了大学所有的数学课程，而且完成了三篇重要的数学论文，经德国数学中心哥廷根大学的严格评审和答辩，她终于成为数学女博士。

文生悄悄话

世间最好的老师是兴趣，它能促使你不断地追求进步，积极进取，直至获得成功。然而，前进的路上并不是一帆风顺的，所以，我们还应该有一颗执着的心。当你付出“精卫填海”式的行动，冲破一切阻拦之后，它便成了一种美丽。

理想贵在坚持

很多很多年以前，有一个漂亮的小女孩非常喜欢布娃娃，尤其喜欢那个五岁生日时妈妈送的布娃娃。有一天，小女孩正在家里拿着那个布娃娃玩过家家，一不小心，一根铁钉钩破了布娃娃的手心，里面的棉絮都露了出来。小女孩很心疼，就从妈妈的针线包里找出针线，模仿医生给伤员缝合伤口的样子，一针一线地缝补布娃娃手心的破洞。女孩从来没拿过针线，所以缝补得歪歪扭扭，不过她缝补时的样子却非常认真。

布娃娃手心的破洞缝好后，小女孩还不忘给伤口涂抹上一层膏药。然后，她把布娃娃抱到床上，给“她”盖上暖和的被子，拍拍“她”，示意布娃娃好好养伤。

妈妈看到女儿认真、严肃的模样，而且模仿得有模有样，好像自己真的是一位训练有素的护士，就半开玩笑地对女儿说：“哦，我的宝贝儿长大了如果当一名护士，一定特别出色。”妈妈虽然这样说，可是她心里并不希望女儿长大后真的当一名护士。因为当时的英国社会，护士是被人歧视的职业，很多人认为护理工作太脏、太累，只有低贱的人才会从事这项卑贱的职业。所以，只要稍稍有点身份的人都不希望自己的孩子长大后去当护士。

然而，令这位母亲没想到的是，自己的女儿长大后果然当了一名优秀的护士，她就是后来被人称为“白衣天使”的弗洛伦斯·南丁格尔。

南丁格尔自小就是一位很有爱心的女孩，小的时候救治过邻居的一只小狗，从那时起，她就深深地认识到护理工作对生命的重要性，并立志将来一定成为一个给病人带去幸福的人。于是，她小小的内心深处就有了一个心愿——做一名好护士。她曾向父母提出要学护理知识，可是她的父母觉得她在语言上有天赋，想让她向作家发展，将来好跻身于上流社会。然而，一向很有主见的南丁格尔不顾父母的反对，坚决去学习护理知识。学成后，她便受聘伦敦患病妇女护理会，担任督察职务。

后来，克里米亚发生了战争，南丁格尔便毛遂自荐，率领三十多名护士赶往前线。南丁格尔没日没夜地工作着，每个漆黑的夜晚，她都会手持油灯去病房巡视，无微不至地关爱每一个伤员。伤兵们都亲切地称呼她为“提灯天使”。

战争结束后，南丁格尔一直从事着护理工作。后来，她在英国圣·托马斯医院内创建了世界上第一所护士学校——南丁格尔护士学校。在那里，南丁格尔孜孜不倦地传授着护理知识，后世将她称赞为现代护理教育的奠基人。在她 88 岁高龄时，又被授予“伦敦城自由奖”。她的生日——5·12——被设为国际护士节。

文生悄悄话

理想是命运的主宰，一个人要想实现自己的理想，就必须拥有坚定不移的信念，有不怕苦、不怕累的精神。一个人只要肯坚持自己的理想和信念，不为外界的干扰所动摇，不被生活中的磨难所吓倒，就一定能取得辉煌的成就。

露丝心中的演员梦

在美国，马萨诸塞州的一个小镇子上，有一个可爱的女孩，她很小的时候父母离异，她选择跟母亲一起生活。女孩很小的时候就有一个愿望，那就是长大以后要做一名出色的演员。听听她的梦想，看看她的家境，所有人听过都一笑置之。

可是，她并没有因别人的嘲笑而放弃自己的理想。在她的不懈努力下，终于在18岁那年考入了纽约市的一所艺术学校。在学校里面，虽然她刻苦地学习，但还是在三个月后，被学校以缺乏艺术天赋和才能为由“踢”出了校门。

之后的两年里，她为了生计，在纽约城里干杂活，当女招待，当过寄存处的服务员……可以说能干的她都干过。就是这样，她也没有放弃自己的理想。在工作之余，她申请参加了一个剧院的彩排，并且不要一分报酬。就是这样，演出的时候老板还是在公演前的晚上告诉她说：“你缺乏艺术细胞，也没有什么表演才能，你走吧！”

两年之后，不幸再次找上了她——肺炎摧毁了她的身体。由于付不起昂贵的医药费，她不得不住在一家条件极差的慈善医院里面。然而，更为不幸的是，在她住院的第三个星期，她的腿部肌肉开始萎缩，失去了走路的能力。她只得重返了家乡的小镇。

回镇之初，女孩一度失去了信心。可是一想到自己尚未实现的梦想，她再一次选择了与病魔、与命运抗争。于是，她开始在母亲和当地一位医生的帮助下，进行恢复腿部力量的康复训练。最初的时候，母亲在她的腿上加20千克的重物，双腿绑上夹板，让她试着用双拐支撑行走。也不知摔了多少次，手臂老伤未好又加新伤，可谓是惨不忍睹。然而，她总是能再次站起来，而且脸上总是挂着笑容。如此两年的时间，她终于甩掉了拐杖，虽然有的时候走路会有些跛脚，但是经过她的调整之后，别人完全看不出来。

23岁那年，她再次踏进纽约这个繁华之都，开始寻找自己的梦想。整整17年，她一直坚持着，努力着，可是幸运之神依然没光顾她。直到她40岁的时候，才得以在一部影片中出演一个配角。多年的努力与积淀让她迎来了成功。她朴实的表演打动了亿万观众的心，由此，她前进的脚步一发而不可收，最终成为美国演艺界的明星，她就是露丝·伊丽莎白·戴维斯。

女生悄悄话

没有比人更高的山，没有比腿更长的路。苦难并不可怕，可怕的是在苦难面前，我们选择了萎靡不振，趴下之后再也爬不起来。给自己一个希望，我们就有足够的勇气面对一切困难，就有足够的力量战胜一切困难。

颗粒无收的原因

很久很久以前，在一个偏僻的小村庄里，住着十几家农户，他们祖祖辈辈生活在这片土地上，耕种着自己的土地，夏天暴晒、冬天寒冷，有时候老天还捉弄他们，不是发生干旱，就是阴雨连绵，突如其来的一场冰雹还会把他们精心栽种的粮食打得七零八落，一阵狂风也会将农作物连根拔起，还有虫害的侵袭。农户们经常怨声满腹，心想，要是天不冷不热，没有这些自然灾害多好啊！

这天一位农夫去找上帝，想要让他不再把灾难降临到他的村落，让庄稼都能健康成长，这样农户们也可以不再生活在无尽的担心之中。路上他在想，上帝应该不会这么容易就答应我的请求。

终于见到了上帝，农夫道："上帝啊，虽然是您创造了世界，可是您毕竟不是农夫，不知道农夫的苦。我知道您是爱您的孩子的，也不想让他们受苦，不是吗？"

"那是当然！"上帝道，"那你有什么好办法呢？"

"如果您按照我所说的去做。我会让您看见，世界上再也不会有贫穷和饥饿。一年时间您就会看到您想要看到的一切。"

上帝笑道："好啊，你想让我怎么做？"

农夫想了想，抬头对上帝说："我希望您不再让水灾、旱灾、虫害、冰雹、狂风等自然灾害降临到我们的土地上。"

上帝道："那好吧！"

果然，在这一年里，不但风调雨顺，而且上帝没让任何对庄稼有危险的自然灾害发生，没有烈日，没有严寒，天气不冷不热，于是，人们开始做起了丰收大梦。

到了收割稻谷的时候。大家兴高采烈地拿着镰刀来到地里，惊奇地发现这些长得高大粗壮的稻子，竟然什么都没有结出来。农夫简直不敢相信自己的眼睛，可是事实就是如此，于是又跑去见上帝："上帝啊，为什么我们种的稻子什么都没有结出来？这究竟是怎么回事啊？"

"这是因为庄稼们都过得太舒服了。"上帝回答道，"这一年时间里，它们没有经过任何风吹雨打，也没受到过烈日煎熬，没有害虫，益虫也就没了。你帮他们避免了一切可能伤害他们的因素。没错，它们是长得又高又好，但是你也看见了，稻穗里什么都结不出来。"看着农夫一脸茫然的样子，上帝又道，"一个人不遭受挫折永远不会成熟，庄稼也一样，时不时地需要些挫折，这样才能结出饱满的颗粒。这个道理你懂了吗，我的孩子？"

农夫听完颓丧地坐在了地上，为自己的失误给全村人带来的损失悔恨不已。

女生悄悄话

庭院里养不出千里马，温室里养不出万年松。生活中的坎坷与挫折是不可避免的，不要因为一时的挫败和打击而一蹶不振，正是由于这些挫折、打击，才会使我们脱胎换骨，由温室花朵变成参天大树，否则只能像肥皂泡那样，纵然光彩夺目，也是瞬间幻灭。

小公园里的琴声

一年多了，只要天气不打搅，每天傍晚，都会有个小姑娘在小公园里拉小提琴。琴声清新悦耳、柔美动听，时而如从幽谷中蜿蜒而来的一汪山泉，缓缓流淌；时而如夏夜湖面上的一阵清风，令人心旷神怡……每个路过的人都不由得驻足聆听。

这是一个漂亮的女孩，大大的眼睛，长长的睫毛，挺挺的鼻子，珠润的小嘴，微翘的嘴角，修长匀称的身材，再加上一身特有的高贵气质，完美得简直无可挑剔。听着那优美的琴声，看着女孩那娴熟的动作，没有人会怀疑，几年后她会站在某个金碧辉煌的音乐大厅的舞台上，为台下的观众展示她的才华。

每次来公园，母亲都陪着她。女孩拉琴时，母亲就坐在她的旁边，静静地听着、看着，眼睛里充满了温柔与怜爱，每当听到大家的赞美，一股自豪之情便会悄然爬上她的脸颊。

天有不测风云，人有旦夕祸福。一场意外在女孩脸上留下了一道无法抹去的伤疤，也打破这一美丽得令人忌妒的画面。从此，公园里再也看不到女孩的美丽身影，再也听不到了那悠扬的小提琴声。几乎所有听过她琴声人无不为之叹息，而她那完美无瑕的脸也成了人们永远的记忆。

就在大家还在为女孩感到惋惜的时候，就在女孩拉小提琴的地方，突然又传出了小提琴声，但旋即又为那琴声粗糙而嘶哑的声音而摇头。拉琴小提的不是别人正是小女孩的母亲。拉琴的手虽然显得生涩笨拙，可母亲的脸上却是那么的从容、镇定，她的琴是拉给屋里的女儿听的，她在用琴声跟女儿说话。

很多人都听不下去了，一些相熟的人不由得上前宽慰她。母亲的脸上并没有显现悲伤的样子，反而微微朝大家点头道：“没事，那并不影响我女儿的美丽，她一样可以成为优秀的小提琴家。”

一天又一天……每天傍晚，母亲都去同一个地方拉琴。她要用琴声唤起女儿美好的回忆，她在用琴声与女儿交流，她相信女儿听得懂。此时，似乎已没有人注意琴声是否好听，大家照常过来，只是看看女孩有没有来。女孩没有来，只是偶尔有人会看到女孩蒙着脸悄悄地探出头，看一眼母亲，很快便又把窗子关上。

这一天，母亲照常来拉琴，一个醉汉突然奔了过来，冲着母亲大声吼道：“别拉了，难听死了！”母亲脸上顿时失去了往日的平静，眼神从温柔变得愤怒，似有一团火焰从里面喷出，她涨红着脸，声音比醉汉还要高：“我是拉给我女儿听的，嫌难听你别听，把耳朵堵上！”

醉汉不依不饶，话越说越难听，母亲与他理论着，泪水不停地从脸颊滑落。正当醉汉纠缠不清的时候，女孩从屋里走了出来，拿过母亲手中的小提琴，玉指轻扬，指尖流淌出美妙的琴音，包括醉汉在内的所有人一下子静了下来……

女孩突然停了下来，坦然地仰起她那张不再美丽的脸，对着醉汉平静地说道：“我妈妈的琴是为我一个人拉的，我觉得她是世界最好的小提琴手。”说罢，悠扬的琴声再次响起……当她放下小提琴时，四周顿时响起一阵热烈的掌声。

母亲一把把女儿搂在怀里，用大家都听到的声音道：“孩子，妈妈只是想让你明白，你的脸与妈妈的琴声一样，也许不够美，可我们不能失去把它拿出来示人的勇气！”

从那以后，人们又能听到那些熟悉的曲子了。

文生悄悄话

一个人也许不够完美，但不完美的人不等于没有完美的人生，只要我们不逃避，勇敢地面对自己的不完美，自信地去展示自己，一样可以创造属于自己的美丽人生。其实，世上根本就没有完美的人。

艰难的考试

犹太女孩费妮·科里出生于一个富裕的家庭。父亲为她们姐妹请了一名家庭教师，可是父亲对孩子们并没有寄予太高的期望，总希望她们一生平安、幸福就行了。费妮骨子里就有犹太人天生喜爱读书的习惯，对知识充满渴求，所以她的学习成绩一直特别好。

费妮的叔叔是一个儿科教授，他发现了费妮的好学，但他觉得哥哥教育孩子的方式会耽误费妮，于是，他只要有时间就跟费妮在一起，想尽一切办法去教育她多学科学知识。叔叔知道，费妮虽然好学，但心里并没有什么特别大的理想和目标，对父母给她的安逸生活也非常乐于接受。所以，他经常语重心长地劝费妮不要安于现状，不能碌碌无为，靠父母的恩赐得到的幸福并不是真正的幸福，只有自己创造出来的幸福才属于自己，才有意义。

叔叔的话时常引起费妮的深思，慢慢地，她也开始厌恶庸庸碌碌的生活，觉得那样的确没什么意思，人总得有点追求才行。于是，费妮便暗暗决定去上医学院，决定当一名像叔叔那样出色的医生。

后来，当费妮即将从私立学校毕业的时候，叔叔专门找到她，跟她谈心。叔叔问她："你毕业以后打算做什么啊？"

"我要跟您学医。"费妮脱口而出。

叔叔听到费妮的回答，心里暗暗高兴，但他故意装出担忧的样子，说："什么，你要学医？你不觉得现在有点晚了吗？你从来没有正规地学过拉丁语、数学、物理和化学，这些科目可是进医学院必然要考的啊，你能考得上吗？”叔叔说完，又做出一副很不信任的样子看着费妮。

费妮的好胜心马上被叔叔这一番话激了出来，极为不服气地说：“这有什么难的，相信我，我一定能考上！”

“那好吧，叔叔等着你的好消息。”

叔叔笑盈盈地离开了，费妮看着叔叔的背影，心里不禁有些发愁。按照当时的规定，她必须先学八年的拉丁文，五年的数学、物理和化学，这样她才能具备考大学的基础。可是现在，这些功课，她一门都没学过，怎么可能考上呢？然而，大话已经说出去了，况且她自己也非常想读医学院。

“必须马上学习这几门功课才行，这样才能有希望上大学！”费妮对自己下了命令。

命运向来偏爱有志向的人。这年夏天，费妮与家人度假时，碰到了一位老师，这个老师答应帮助费妮补课。于是在这位老师的帮助下，在费妮自己的辛勤努力下，仅仅过了一年半的时间，费妮就达到了医学院的入学要求，顺利地通过了大学的入学考试。

后来，费妮果然成为一名著名的医学家。她在回忆这段经历时曾说：“那次考试是我一生中经历的最艰难的考试。如果没有想考上大学的理想，我的人生也许就是另一个样子。”

文生悄悄话

种子需要养分的滋润才能破土而出，生根发芽，开花结果，我们的生命也需要目标的牵引，才能结出成功的果实。我们要为每一天、每个星期、每个月、每一年，甚至整个一生确立目标，给自己一个希望，这样我们的人生才有奔头，才有意义。

我终于赢了上帝

莎莉·拉斐尔，美国著名的节目主持人，两度获全美主持人大奖。可是谁会想到，就是这样一个受欢迎的主持人，主持风格曾被人贬得一文不值，职业生涯中竟遭遇了 18 次辞退。

做一名杰出的主持人，是莎莉从小的梦想。她毕业后想到美国大陆无线电台工作，然而，电台根本不接收她。于是，她来到了波多黎各，希望在那里能遇到好的机会。可是，西班牙语一窍不通的硬伤，让她整整花了三年的时间。三年里她熟练地掌握了这门语言，可是却没找到一份属于自己的工作。在波多黎各的日子里，莎莉不停地工作，因为她不停地被人辞退着，有家电台甚至批评她压根儿就不懂什么是主持……

在这期间，莎莉待得最长的地方是一家通讯社，在这里她的工作是到多米尼加共和国采访暴乱，居然差旅费还要自己掏腰包，就是这样也没逃过被辞退的结局。

之后，莎莉又到了纽约一家电台，不幸的是她又被辞退了，原因是思想、风格落伍，跟不上时代。她只得卷行李走了人，为此，她失业了一年多。就是这样，整整 18 次，可是莎莉从没放弃自己的梦想，她认为自己一定能行。

后来，莎莉又去了美国国家广播公司，当她跟这里的一位负责人谈起了她的访谈节目策划的时候，这个人对她的想法表现出少有的赞许。然而，天有不测风云，就在莎莉隐约看到曙光的时候，这个人负责人居然离开了广播公司，莎莉不得不向新的负责人推销自己的策划。新负责人虽然没有当场否决，却不支持她搞这类节目，而让她去一个政治节目做主持。这对于莎莉来说可是一个不小的挑战，因为她根本就不懂政治。尽管这样，莎莉也决定尝试一番，因为只有她自己才知道这份工作的来之不易。于是，她便开始狂补政治知识。

一年后，莎莉主持的政治节目开播。她凭着丰富的知识、娴熟的主持技巧及平易近人的主持风格，很快吸引了众多听众。然而，莎莉并不满足，于是她大胆创新，鼓励听众打进电话讨论国家政治，畅谈自己的想法，就算总统大选也在她们讨论之列。这种史无前例的做法，让她主持的节目成为全美国最受欢迎的政治类节目，而她也因此在业界一夜成名。

再后来，莎莉·拉斐尔成为美国一家自办电视台节目主持人，每天拥有观众 800 多万人，并两度获得全美主持人大奖。后来，她虽然也曾换过几次工作，但与之前的 18 次却是截然不同。因为当时的她已是美国传媒界公认的金牌主持，无论她走到哪，都会把丰厚的回报带到哪。

“我平均每年就被人辞退 1 次，有些时候，我就在想这辈子完了。”莎莉·拉斐尔说，“但我相信，上帝掌握的只是我一半的人生，我越努力，我手中掌握的另一半就会越庞大，有一天，我终于赢了上帝！”

女生悄悄话

生命之途并非只有快乐与幸福，还有困难与失败、黑暗与低谷，只有内心强大的女孩，才会在遭遇逆境的时候不低头、不退缩、不逃避，因为她相信能战胜所有的困难，因为她相信自己就是下一个赢家。

自信与不自信之间

在瑞典的斯德哥尔摩有一个小女孩，3 岁的时候母亲便去世了，13 岁时父亲也离她而去，从那以后她便被一个亲戚收养。

女孩从小就有了当演员的梦想，并在 14 岁时，在日记中记录下了自己的梦想：有朝一日能站在家乡的舞台上。然而，她的想法并没得到监护人的支持，因为他们一心想让她坐办公室，哪怕做一个售货员也好。女孩并没有放弃，不管怎样她也要去试试。于是，她请求监护人能让自己去瑞典皇家戏剧学院面试，也许是她的执着打动了监护人，也许监护人只是为了让她碰碰壁死了这条心才同意的。不管怎么样，她还是得到了这个机会。

为了这唯一的机会，女孩花了很大的心思精心准备了一个小品，说的是一个阳光快乐的农家姑娘捉弄一个农村小伙子的故事，而且她觉得自己的小品与自己的表演一定能行。

面试当天，女孩早早地来到了面试地点，轮到她时，她没并像其他面试者一样稳步走上台，而是两步助跑之后，一个空中跳跃落在舞台正中，然后便是不拘束的大笑，接着便开始自己的第一句台词。虽然是精心准备，可不免还是有些紧张，说完第一句后，她飞快地瞄了评委一眼，不瞄不要紧，一瞄女孩心里不由得一惊，因为此时的评委们根本就没看自己的表演，而是在聊天，还用手一个劲儿地比画着，议论着。见此情形，女孩心里一阵绝望，下面的台词全忘了……就在这时，评委主席道："行了小姑娘，你可以停下了！"然后笑着道，"下一个，下一个请开始吧。"

没想到自己精心准备那么久，不到半分钟就被赶下了舞台，她一下子懵了，脑子一片空白，什么也看不见，什么也听不见，心里只有一个念头：完了，这辈子完了，死了算了。她冲出考场，冲到河边想一头扎进去，可是看到这里的水太脏了，黑乎乎的，她心想：这要是一头扎进去死了，被拉上来的时候像这里水一样，满身黑乎乎的，脏死了……想到这儿，女孩心里一阵恶心，“唉，这怎么可以，算了，还是再等等吧”。

第二天，女孩无法从前一天的阴影中走出，一个人待在屋子里，谁也不见。可让她没想到的是自己居然被录取了，就这样女孩迷迷糊糊地上了瑞典皇家戏剧学院。

后来，女孩凭着自己的天分与努力成了著名的女演员，她仍念念不忘当年的事。一个偶然的机会，女孩又遇到了当年那个评委，便问他：“面试时，你们并不喜欢我，为什么还能录取我呢？”评委听后眼睛瞪得大大的，说道：“亲爱的姑娘，你还不知道吧，当你跳到舞台的那一瞬间，我们就被你的自信打动了，转身交谈也是在商量，觉得不用再浪费时间了。”“害得我差点自杀……”女孩说着又是一阵大笑。

这个女孩就是好莱坞著名的女演员——英格丽·褒曼。

女生悄悄话

一时冲动做出无法弥补的事情，多是因为内心不够强大，没有足够的自信。所以，只要你相信自己，事情未必像你看到的那样。不论遇到什么情况，先别过早地下结论，等一等，也许就是另一番情景。只要对自己的实力有足够的信心，时间会给你想要的真相。

哈利·波特之母

二十世纪六十年代，在英国的格温特郡有个相貌平平、戴眼镜的女孩，由于性子有点野，她并不太受小朋友的欢迎。但女孩很爱学习，从小喜欢写作和讲故事，6 岁就写了一篇跟兔子有关的故事。

凭着自己的努力，女孩于 1983 考上了英国著名的埃克赛特大学，1987 大学毕业参加工作，1992 年，她在葡萄牙认识了乔治·阿朗特斯，两人结了婚，并于第二年的 7 月有了女儿杰西卡。然而就在女儿出生的第四个月，乔治便在一场激烈争吵之后，把女孩独自扔在了大街上，一去不回头。她不得不在圣诞节那天带着女儿回到苏格兰，蜗居在爱丁堡一个没有暖气的公寓。

母亲因病早逝，她与父亲长年感情疏离，丈夫离去，身无分文，又带着嗷嗷待哺的女儿，失落瞬间如山洪暴发淹没了她，这个从小好奇心浓厚的女孩从此对事物失去兴趣，变得万念俱灰。她一度想寻短见，可是看到亲爱的女儿时，她惊觉，自己必须为所爱的人活下去，于是开始向外求援，她接受了 9 个月的心理咨询治疗，并在爱丁堡这间破旧的小公寓里，开始写作，当时她想，最糟不过是被退稿，怕什么！于是，第一部《哈利·波特》就这么诞生了，并且取得了巨大的成功。

这支想象之笔仿佛施了魔法一样，再也无法停下，一写就是十九年。不仅解开了她身上的“封印”，也给她带来了财富与成功，这是她想都没想过的。

如今的她可以随心所欲去商场购物，穿上漂亮的衣服与鞋子，十指也常擦着醒目的红色蔻丹。然而，没变的是她那双像孩子般澄澈晶亮、偶尔掺了点儿神秘的碧绿色的眼睛。她就是《哈利·波特》之母——乔安妮·罗琳。

文生悄悄话

成功是每个人的向往，然而，不知有多少人被等在成功之前的暗潮所吞噬。如果想要挺身力抗黑暗与磨难，冲出暗潮，那么，我们需要的无疑是巨大的勇气。

第四辑　转身成就另一番精彩

当上帝关了这扇门，一定会为你打开另一扇门。

——《圣经》

轻装上阵攀高峰

有个女孩叫王芳，大学毕业后到一家大型家电零售企业从事售后服务工作，每天的工作就是为那些买到问题家电的消费者解决问题。

一个人辛辛苦苦、省吃俭用存下钱来买的家电没用多久便出现问题，心情可想而知是好不到哪去的，王芳每天与这些心情不好、态度极其恶劣的人打交道，当然心情也不会愉悦。解释，及时处理退货、换货问题是经常的，赔笑脸还挨骂也是常有的事。都三年了，王芳不但没有找到一丝工作的乐趣，反而越干越气馁，终日愁眉苦脸，甚至患了“上班恐惧症”，每天一想到又要去面对“凶巴巴”的顾客，心里便很沮丧，有时做梦都会被惊醒。

王芳有一个写“忍”字的习惯，每当与消费者发生争执她便在笔记簿上写下一个小“忍”字，挨了骂，受了大气，就写一个大大的“忍”字。三年下来，写满了大大小小的“忍”字的笔记簿塞满了她的抽屉。除了每天要背负受气的痛苦，还要背负日渐增多的“忍”字的重量，心力交瘁的王芳病倒了。

其实在公司王芳的人缘还是挺好的，一听她病倒了大家都来医院看她。一天，一位公司的前辈大姐来探望王芳，谈话中王芳把自己的郁结一五一十地告诉了这位大姐。大姐是个好心人，一听也替王芳担心，便想帮王芳渡过这个难关。

“回去后，你把之前的那些笔记簿丢掉，换一些新的。”大姐道，“在中间画一条线，将一页左右分开。工作时，若是遇上不好说话的，你就在左边写个‘忍’字，若是遇上好说话的，你就把‘忍’字给擦掉。”看王芳的好奇心慢慢被勾了起来，大姐接着道，“没有‘忍’字可以擦掉时，你就在右边画一个笑脸。等到一星期以后你再看的时候，你的心情可能会好些。”

“这样可以吗？”王芳怀疑地看着大姐。

大姐神秘一笑，道：“试试看！看看是‘忍’字比较多，还是笑脸比较多。”大姐说完，叫王芳好好休养，便回家去了。

几天后，王芳出院回公司上班，她照着大姐告诉她的方法，在笔记簿做着笑脸和“忍”字的增删工作。一开始左边的“忍”字还是不少，慢慢地，这些“忍”字便全部被右边的笑脸抵消了，而且，右边的笑脸还越来越多。一个星期以后，王芳打开笔记簿再看的时候，发现整本笔记簿已经满是笑脸了。“原来，这个世界，令我欢喜的人比给我气受的人还多呀！”王芳心里别提多高兴了。之后，大家再没看到她愁眉苦脸地工作，人也变精神了许多。

后来，王芳尽可能不再写“忍”字，遇到态度好的顾客，她就画下一个小笑脸，遇到不好沟通的，就想尽一切办法让对方满意，然后再画下一个大笑脸。时间长了，画满笑脸的笔记簿抽屉都装不下了，而这些笑脸也反映在她的脸上。再后来，王芳不再画脸也能愉快地工作了。

女生悄悄话

要攀高峰，就得轻装上阵。人生也一样，要想达到一定的高度，必先学会减压，把心里的石头和包袱全部丢弃。边走边捡石头，只会徒增负担。而这里的石头无疑就是挫折困难所产生的负面压力，只要你学会笑脸去面对它们，再难过坎儿也不过尔尔！

一定要学会转身

美国女孩乔安娜从小就喜欢文学，梦想有一天通过自己的努力成为全美国最著名的作家。为了这个梦想，她阅读了大量的文学著作，并在高中毕业后报考了文学系。

大学毕业后，其他同学都在努力地寻找工作，乔安娜却开始自己的文学创作，辛勤耕耘一年多，两部自我感觉良好的长篇小说完成了，可是却无人问津，这让乔安娜不免有些失落。但人生之路多坎坷的道理她不是不懂，所以，她并没有灰心，决心重新再战。于是，她认真查找原因，发现作品之所未被出版，多在于自己的视野狭窄，于是，她带着向亲朋好友借来的一大笔钱，去各地旅游，以增长自己的见识。

当她觉得有所收获的时候，便回来继续写作，很快便写了大量的散文和札记，然而，令她没想到的是自己精心创作的东西一样没有被认可。可是如今的她已因为经济问题无法再出门远游了，只有先解决生计问题后再考虑其他，至少是一边工作一创作，于是，她开始找工作。由于她的文字基础好，没费多大劲儿便找到一份记者工作。对于一心想成为作家的乔安娜来说，工作只是自己的一个谋生手段，因此她对工作并不上心，没多久她就被辞退了。吃饭都成问题了，写作也只能先放放，于是她再去找工作。然而，一有工作她就犯同样的错误，于是再次被解雇。一次次失掉工作，让乔安娜情绪低落到了极点，作品质量也每况愈下。

反省之后，乔安娜意识到了问题的严重性，于是开始静下心来分析当作家所需要的各种因素，对比自身素质与目标之间的差距。她认清要成为作家除了努力以外，还要有机会、阅历、思想等许多条件，而这些条件有很多都是自己所不具备的，于是乔安娜决定转身。

后来，乔安娜从事了广告文案创作，虽然与自己的梦想不同，却也能发挥自己的特长。由于她的文笔很好，思路开阔，很快便在广告界崭露头角，最终成为有名的广告策划人。

文生悄悄话

室内一只蝴蝶一直在不停地撞击着明亮的玻璃窗，最后活活累死了，而旁边就是敞开的门，只要它转一个身就可以成功地飞出去了。人生也是一样，要学会转身，在一条路走不通时，要重新给自己定位，人生有了合理的定位，离成功也就不远了。

分量更重的金牌

有一个美国女孩，叫吉尔·金蒙特。她是当时美国最年轻的滑雪运动员，十八岁便以骄人的战绩让自己的名字响彻全国，并登上了《体育画报杂志》的封面。

几乎所有的奖项吉尔·金蒙特都拿到了，唯独差一枚奥运金牌，而她也一直为这金牌积极做着准备，当时全美国的人也都认为她一定能成功。然而，一次偶然的事故改变了金蒙特的一生。

1951 年 1 月，在最后一轮冬奥会预选赛时，当发令枪响起后，金蒙特立即冲出，沿着大雪覆盖的山坡往下滑，没料到，刚过去几分钟，她的身体突然失去了平衡，她试图摆正姿势，可无论她怎么努力也无济于事，整个人滚下山坡，立刻昏了过去。

金蒙特很快被送进医院，性命虽然保住了，可她胸部以下的部位却失去了知觉。这就意味着金蒙特永远与她所热爱的、并为之付出的滑雪运动无缘了。就在人们为她今后的生活担心的时候，金蒙特却“站”了起来。虽然她只能坐在轮椅上，虽然病痛一直折磨着她，但她并没有失去信心，也从未放弃过对生活的渴望，仍然坚信自己有能力做好每一件事情。

经过不断的努力，金蒙特不但学会了灵活使用轮椅，用特制的汤匙进食，还学会了写字和打字。此时的金蒙特并从没有把自己当成一个废人，她立志做一名教师。于是，她在加州大学洛杉矶分校选修了几门课程，学成后便向教育学院递交了教师申请。尽管，在所有人看来她既不会走路，又没有受过师范训练，无法做好一名教师，但是金蒙特就是不放弃，也许是被她的执着打动了，最终华盛顿大学教育学院向她颁发了聘用证书。之后的日子里，在金蒙特的不断努力下，她逐渐摸索出一套适合自己的独特的教育方法，深受学生的喜爱。

金蒙特的父亲不幸去世后，全家人便搬去加利福尼亚州。在那里她又向教育官员提出教师申请，却因身体残疾被拒绝了。然而此时，在她提出申请的第十八所学校中，有三所学校表示愿意聘用她。之后的日子里，金蒙特一直从事教育事业，不但教书育人，还利用假期时间为印第安居民区的孩子补课。

金蒙特以残疾的身躯为教育界做出了很大的成绩，为了表彰她的教育成绩，政府给她颁发了一枚特殊的金牌，这枚金牌虽然不同于她梦寐以求冬奥会金牌，可是它的分量一点不亚于冬奥会金牌。

文生悄悄话

人生的道路上布满了困难和挫折，甚至是不幸，不要因此而止步，因为停止除了让你在痛苦的泥潭中越陷越深以外，别无益处。我们要做的就是，除去心灵上的悲伤锈斑，带足追求和理想的口粮，穿上毅力的防身服，坚强地走下去，走出一个美好的人生。

灾难也许是转机

在伦敦的一个乡村，有个姑娘叫安娜，父亲经营着一个小农场，是个很精通牛马之道的人。耳濡目染下安娜不但很小就熟知每种牲畜的生活习性，而且，深得父亲吆喝牲畜技术的要领。吆喝牲畜是放牧所必需的技术，放养这么多的牲畜，如果单靠两条腿去追赶它们，非累死不可。声音洪亮的安娜不止一次被父亲夸是干这行的好手。

可是天有不测风云，安娜十二岁的那年，因生病服药烧坏了声带，再也不能发出声音。之后的很长一段时间里，她都处于极消沉的一种状态，每当听到父亲吆喝牲畜，她的心就像刀扎一样疼。

父亲的房间有不少关于牲畜饲养方面的书，也是无聊，安娜就拿起一本翻了起来。父亲看到了道："孩子，这是些很有用的书，但是我识字少看不懂，正好你仔细看看，回头告诉我该怎么做！"安娜心里一动，心想，我也不是一点用处没有的，于是开始钻研那些书籍。每有心得，便通过手语告诉父亲，父亲便欣喜无比。

时间长了，安娜居然喜欢上了书的世界，不单是父亲的这些书，任何可以找得到的书籍安娜都爱不释手，那种喜悦是以前从未体验过的。每读到精彩之处，她便用手语讲给父亲，父亲也是十分欢喜，这让安娜感到骄傲。这一天，安娜给父亲讲了一个精彩的故事，父亲笑过后对她说："其实在我们的农场，在那些牲畜身上，也有很多有趣的故事，可惜知道的人太少，没人去写，不然，一定会有很多人喜欢！"也许父亲说这话的时候是无心的，可是安娜听了，心中却一阵兴奋。

终于，安娜开始着手写《它们的故事》，写那些牲畜的瞬间的美好，写那些人与牲畜的情感，写那些土地生长的故事，并把父亲的饲养经验融入其中，具有极强的知识性和趣味性。当安娜读给父亲听的时候，这个深爱着这片土地，与各种牲畜有着特殊感情的四十多岁的汉子激动得泪流满面，一把抱住安娜久久不愿松开。这本书一经问世，立刻风靡英伦，特别受乡下人的喜爱。

之后，安娜更是一发而不可收，又写出很多受人喜爱的作品，而她本人也声名大震。人们在惊羡她的才华的同时，也为她感到遗憾，都说如果不是哑了，凭她文字的组织才能，说不定能成为演说家，甚至有希望进入政界。

一次，安娜的签名售书现场就有一名同样有此遗憾的读者，给她传过来一张纸片，上面写着：安娜，如果你会说话，将会有更大的成就！

签名售书之后，安娜回到了父亲的农场，把那张纸片递给父亲，父亲看后，说："如果你能说话，现在正在农场里吆喝牲畜呢！"

文生悄悄话

人生的不幸未必不是一次转机，因为上天是公平的，在为你关上一道门的同时却为你打开了一扇窗。

风雨过后见彩虹

有一个女孩，从小学到初中成绩都很好，可以说一直是全年级中的佼佼者。也正因为每次成绩都是这么好，使她逐渐地只接受成功，不再以为自己的字典里还会有"失败"的字眼。

初中二年级的时候，有一次考试，女孩发挥失常，语文、数学、英语三科成绩都不理想。总分更是与全年级第一名相差近 20 分。她不能接受这样的失败，整个人跟变个人似的，一天到晚不说话，事情过去很长时间了，满脑子还都是那次考试的失败经历，有时一节课下来她都不知道老师讲的是什么，这也导致她的成绩一再下滑，她开始觉得自己彻底不行了，甚至开始破罐子破摔。

连日阴雨后的第一个晴天，同学们都在教室外晒太阳，老师走到女孩的身边，道："你觉得今天的天气与以往有什么不同？"

女孩想了一会儿道："阳光好像格外灿烂，天空好像更蓝。"

"知道为什么吗？"

"不知道！"女孩摇了摇头道。

"因为天空经历了风雨，因为太阳摆脱了乌云！"

女孩一愣，似乎听出了老师话里的意思。

"这个世界上没有不失败的人，一次失败没什么，它不代表昨天，更代表不了明天。关键是要对它有个正确的认识。"

"老师，我……"

"失败未必是一件坏事，它可以帮助人们驱走惰性，促使人奋进。在人的一生中会有很多次这样的挫折，那时的困难要远远大于现在，如果你现在始终是一帆风顺的，将来一遇到挫折，你就将无所适从，那会使你面临更大的失败。而今天的失败，再站起来就是为以后迎接更大的挑战积累经验的。"

"老师，我，我还行吗？"

"行，一定行，沉着冷静地思考一下，恢复你的自信，只要你能正确地对待它，找出失败的原因，重新振作起来，确定今后的目标，那么，最终的成功将属于你。"

听了老师的一番话之后，女孩的心渐渐地平静下来，渐渐地又恢复了以往的活力。之后，虽然她也曾再次经历失利，但很快便能从失败的阴影中走出。后来，她以全县第二的成绩考入了市重点高中，开学的前一天，女孩特意到学校向老师辞行，临别的时候她深深地鞠了一躬，说道：“谢谢您，是您让我知道了怎么面对失败。”

文生悄悄话

有阳光，就必定有乌云；有晴天，就必定有风雨。从乌云中解脱出来了阳光才更灿烂，经历风雨天空才更加蔚蓝。人生也一样，我们不能遇到一点小小的挫折就一蹶不振，那样我们只能从失败走向另一个失败。

没有胳膊还有腿

南岳衡山，我国著名的道教、佛教名山，曾经涌现过许多武艺高强的大师。回雁峰慈云庵的静云师太就是其中一位，一双绵掌闻名江湖。名气太大自然引来众多不服者，尽管静云师太不问江湖事，可是还是有不少人打着切磋的旗号上门挑战，而这些挑战者多认为静云师太是因神秘而被人神化，试图打败她，借其名望迅速在江湖上扬名立万。

然而，师太的武功并非空有虚名，不但有真功夫，而且比传说中有过之而无不及，一双柔如绵、迅如风，绵中带刚的玉掌，令前来挑战之人个个佩服得五体投地。时间一长，她的功夫被江湖人士传得神乎其神，甚至有人用“掌上功夫天下第一”来形容她。

然而，老天真如人们经常说的那样，喜爱捉弄凡人。有一天，静云师太在救一位樵夫的时候，双手不小心被蛇咬了，中剧毒昏迷不醒，后来为了保住性命不得不在郎中的建议下截去双臂，当然，一切只是大弟子妙音做主，师太并不知道。消息传出，武林震惊，大家无不为这件惨事叹息不已，感叹一位武学大师就此泯灭。

对于一个以手上功夫著称的人来说，这无疑是灾难性的。师太的弟子们更是悲痛不已。

昏迷数天后，静云师太清醒过来。守候在一边的弟子们几乎不敢告诉她这个惨痛的消息，她们甚至不敢想象师傅看到一双空空的袖管时会有怎样的反应。可是，当师太看到时，并没有像弟子们想象的那样慌乱，更没有唉声叹气地表达自己的痛苦或抱怨命运的不公。

“师傅，我后悔呀！我不该听郎中的，我……”妙音总认为师失去双臂是自己的过失。

“妙音，你做得没错，是你救了为师一命。”静去师太说着，让守候在一旁的弟子扶她坐起来。弟子连忙把她扶靠在床头上。昏迷几天几夜，滴水未进，师太平静地吃了一些粥，然后就像过去一样静坐练习内功。弟子们你看看我，我看着你，一时不知该怎么办。

静云师太对弟子们说道:“我想说两件事:第一,以后谁还想练掌，我还会像以前一样认真教导，只不过很难再亲自示范了；第二，从今天起我要练习腿上功夫。”看弟子一脸茫然，师太微微一笑：“放心吧，为师不会因为失去双臂而变成废人，你们也不必因为师父没有了双臂就放弃在武学上的修炼。”

几年以后，静云师太便以其出色的腿上功夫赢得了更多人的敬仰，特别是她的“柳风三舞”绝技更让人赞叹不已。后来，一位云游归来的老友来看她，看到她空空的衣袖，话有所指地说道：“师太近来可好？”静云师太微笑着说道：“你不觉得你的话问得有点多余吗？”

文生悄悄话

过去的都过去了，成功或失败，快乐或伤痛，只属于昨天。如果留在昨天的阴影中，不肯走出来，我们就永远看不到阳光。生活就是这样，永远都在得失之间平衡着，虽然有时你失去的是珍贵的东西，但是你还可以得到更多，只要你有一颗充满希望的心。

一再上演的故事

在南方一个小岛上，有个女孩叫苗茵。苗茵还有三个姐姐，一家六口人的花销，全靠爸爸妈妈打鱼维持。为了家里的条件能好一点，爸爸起早贪黑地干，久而久之积劳成疾，患上了重病，不能从事太劳累的事情，从此家里的经济重担几乎完全落在妈妈一个人身上。

在这个以捕鱼为主的小岛上，对于一个妇人来说，要找个稳定的工作并不是件容易的事。苗茵的妈妈不得不想尽一切办法寻找各种赚钱的门路，除了在小吃店帮忙外，还兼职打许多零工。忙完一整天，还要到海边拾海菜、捡贝壳，拿到市场去卖。

四个未成年的孩子，一个重病的丈夫，尽管妈妈很努力，可家里的生活还是过得紧巴巴的。看到妈妈如此辛劳地为家里的生计而操劳，苗茵和姐姐们总有一种说不出的心酸。她们暗暗下定决心，要用功读书以报答母亲的恩情，长大以后，一定要让爸爸妈妈过上舒舒服服的日子。然而，现实是无情的，爸爸身体一天不如一天，需要花掉更多的医药费，大姐不得不早早嫁人，二姐三姐也不得不终止学业，帮妈妈挣钱养家，供妹妹上学。苗茵其实当时也不想学了，可是，姐姐们却含着泪劝她不要放弃，希望她实现她们未能实现的梦想。而妈妈的辛苦、姐姐们的期望都成了苗茵今后学习的动力，每当苗茵遇到困难挫折，只要想起她们，心中就充满了温暖与力量。

由于学习刻苦，苗茵的成绩一直很好。她希望好好完成学业，一是替姐姐们完成梦想，二是更好地帮母亲分担一些责任。可是，上天好像故意要给这家人更多的磨难，就在苗茵刚升上高中的时候，有一次，她连续几天高烧不退，住进医院以后，才意外地发现自己患上了医学界的顽疾——再生不良性贫血症。医生要求她住院观察，至少要经过十多天的诊断与治疗才能稳定住病情。可是，苗茵做不到，因为那要花一大笔钱，而且还会耽误自己的学习，于是，医生只得同意她一星期回医院检查一次。

由于身体的特殊性，苗茵不能接触任何不清洁的环境，否则会造成她身上白细胞的过度消耗。就是在这样的情况下，苗茵完成了她的中学学业，顺利地拿到了重点大学的入学通知书和全额奖学金。

女生悄悄话

这样的事并不少见，甚至说这样的故事每天都在这个世界上上演，而且故事中的主人公甚至是我们认识的人。但故事的本身却给予我们极大的信心和启示，让我们清楚，困难并不可怕，即使你是个普通人，也能凭着坚强的意志，通过自己的不懈努力，成长为不平凡的人。

幻想自己已经成功

很多年前，美国朗托斯业务推广公司的总裁潘·朗托斯只是一个肥胖的、面容憔悴的家庭主妇，每天除了吃饭、睡觉，就没有其他事情可做了。有一天，朗托斯也开始讨厌这样的自己，于是决定做些改变。

朗托斯找来很多有关积极思想演讲的录音带来听。从录音带里她得知，每天要对自己进行三次肯定的宣言，于是她一天要对自己说上五十次，甚至更多。

录音带里还说，人必须经常在心里想着某个固定的成功形象，朗托斯每天也这样做着，并把一个形象健美的明星照贴在室内的墙上，不过，她把明星的头像换成了自己的照片。她一遍又一遍地描绘着自己乐观、整洁、自信的样子。就这样过了一段时间，朗托斯发现自己竟然跟图像相符了，她的体重不仅减轻了二十千克，而且人也自信了很多，也开始主动运动了。

后来，朗托斯找了一份销售员的工作，工作当中她也时常幻想自己是个顶尖的销售员。没多久，她的销售业绩提升很多。后来，她决定转到广播电台做销售。于是，她开始想象着在某个特定的电台做事，可是事实上，电台的经理一再表示电台里没有空缺，一直不愿意见她。可是朗托斯的意志极为坚定，她不愿再接受任何的否定回复，于是她干脆在电台经理办公室正对面搭了一个帐篷，住到了那里，后来，经理也被她的执着感动了，就接见了她。于是，她得到了那份工作。

后来，朗托斯一直凭借着积极乐观的态度，以及辛勤的努力，连续升至电台的业务经理。原来，电台广告业务一直没有什么起色，然而在她的努力下，没过多久，竟然创下了奇迹，业绩提升了七倍之多。

两年后，朗托斯一跃而成为迪士尼旗下夏洛克广播公司的副总裁。后来，她创立了自己的公司，朗托斯一下子成为人们心目中的成功女性，不少人在她的事迹的鼓励下，也开始尝试着在心中描绘成功的形象并努力实现它。

女生悄悄话

不管你过去多么贫穷，多么懈怠，只要你肯用积极态度去面对、去改变，想象自己能够成功，那么，你的生命也一定能绽放出异样的光彩。

开启另一扇梦想之门

每年五月，英国著名的圣劳伦斯美术学院都会进行入学考试，这是那些怀揣绘画美梦的学子们踏上梦想之旅的桥梁。

这一年，考试如期进行。在画室里，考官们在学子中间不停地走动着，随时对学生的作品打分。第一天素描考试结束后，很多考官的心里都有了人选。到了第二天色彩考试中，他们格外关注那些中意的学生。油画系的威尔斯教授也不例外。

然而当他走到前一天自己挑中的一个女孩身边时，女孩的颜料引起了他的注意。

摆在女孩身边的颜料与其他学生不同，颜料颜色的包装都已被拆掉，上面贴上了写有颜色名称的标签，而且还有一些写得密密麻麻的纸条。威尔斯仔细看了看纸条，看到上面写着：苹果是红色的，梨子是明黄色的……威尔斯疑惑地看着那个画画的女孩。昨天这个女孩表现得很出色，可是今天，她的手却有些颤抖，眼神里没有了光芒，时不时地吞着口水。威尔斯略一思考，明白了。

几周后，学院的录取名单公布了出来，威尔斯经过学校门口时，在人群中看到了那个女孩，女孩的眼睛里满是失望。

威尔斯不忍心看到女孩沮丧下去，就过去跟她打了招呼，并带着她来到了一个小型车间一样的地方。门一打开，女孩就被里面的陈设惊呆了，那里简直就是一个小型美术馆。威尔斯把女孩带到一个画架前，让她画地上放着的一组静物，女孩猛然间乱了方寸，完全不知道该做什么。

威尔斯走到女孩跟前，说："你知道吗，我最初的理想并不是成为一个画家，而是成为一名职业球员。我特别喜欢打篮球。"

"那你为什么没有选择打篮球呢？"女孩好奇地问。

威尔斯没有说话，只是卷起左腿的裤管——他的左小腿竟然是假肢。

"每个人都有一个最初的梦想，但因为各种原因，有可能失去或根本不具备完成那个梦想的能力。但无论如何，我们都要坦然面对，积极努力，就算不能实现最初的梦想，也应开启另一扇梦想的大门。"说着，威尔斯拿手帕蒙住女孩的眼睛，往她手中放了一个石膏像，"其实，画家的双手也是一双眼睛，你为什么不试试用双手看色彩呢？"

从那以后，威尔斯再也没有看到过那个女孩。直到多年后的一天，他在报纸上看到一则关于巴黎现代艺术作品展的报道："年轻的雕塑家曾经因为色盲没有考取著名的美术学院，但在一名导师的启迪下，她用自己的双手代替眼睛，在雕塑界一举成名……"

这个雕塑家正是多年前的那个女孩，威尔斯的眼睛模糊了……

文生悄悄话

世界是千变万化的，谁也无法预料到自己未来的命运如何，自己最初的梦想或许会因为这样那样的原因而无法实现，但是只要我们积极面对，总能找到开启另一扇梦想之门的钥匙。

磨难未必是坏事

在波多黎各有个女孩叫安妮斯顿。那里的人们大多住着破烂的房屋，安妮斯顿的家更是破烂不堪，甚至于外面下大雨屋里下小雨，然而，当地的居民都特别友善。

安妮斯顿小的时候，曾为没有好的房子、没有漂亮的衣服而伤心难过，邻居一位90多岁高龄的老奶奶见了就找她谈心。老奶奶告诉她：物质上的一切都只是身外之物，一个人活得开不开心关键在于内心，精神生活才是最重要的。如果内心有强大的精神力量，即使物质生活陷入困顿，也可以依靠这种力量获得自己的成功。也许当时的老奶奶只是为了安慰一下这个不开心的女孩，然而，就是这几句话却影响了安妮斯顿一生，每次厄运来临她都会想起这位老奶奶，想起她的话。

安妮斯顿十几岁的时候，天降横祸，一场大火不但烧毁了家中的一切，也夺去了她父母的生命，安妮斯顿不得不辍学变成了无家可归的流浪者。后来在不懈的努力下，她有了房子，虽然小，可是那却是用她的双手挣钱建成的，她又半工半读完成了学业，还成了哈佛大学公共卫生系的行政助理。后来，她结了婚，并有了自己可爱的儿子。就在安妮斯顿觉得可以好好享受一下生活的时候，丈夫却离她而去，于是她成了抚养六岁儿子的单身母亲。一时间，安妮斯顿面临着巨大的精神挑战，但是她并没有崩溃，而是再次站了起来。

一次次的磨难，不但没打垮安妮斯顿，反而让她越发坚强乐观起来，也正是她的乐观，让她赢得了很多人的喜爱，而其中一位还成了她的丈夫。结婚后，在两人的努力下，他们拥有了不错的房子，还买了高档汽车，可是新车没开多久就出了车祸。

那天，安妮斯顿开车上班，一辆车斜插过来一下子撞在了她的车上，那位撞坏她车的女人难过得哭了出来，安妮斯顿反而在一旁劝她说："没什么，汽车只是身外之物，万幸的是我们两人都没事。"那位惊魂未定的女人惊讶地看着安妮斯顿，心中渐渐平静了下来。

后来，两人经常联系，那女人有心结时，安妮斯顿告诉她："人们总认为是自己在控制命运，总是想好的事情会发生在自己的身上。然而，这种一切都在控制中的想法只不过是人们的一厢情愿，当问题出来的时候，很多人就失去了面对、解决困难的能力与勇气。所以说，人虽然没有控制命运的能力，但是可以学习如何调整心态，使自己充满奋斗进取的力量，让生活回归常态。”后来，那女人有什么心里话都愿意跟安妮斯顿说，两人很快成了好朋友。

拥有了一座不错的房子，还有善解人意的丈夫、懂事听话的孩子、不少贴心的好朋友，就在安妮斯顿感到生活越来越甜蜜的时候，厄运再次找上了她。她刚刚打算全家一起去度假时，发现自己患上了乳腺癌。知道这个噩耗的安妮斯顿，觉得整个天空都是灰暗的。她真想大哭一场，为自己感到难过，但她很快就意识到这样做于事无补。于是她决定依原计划进行，全家人快乐地去度假，为活着而庆祝，一切待回来后再考虑。

令人高兴的是，在巨大的精神力量下，安妮斯顿的身体逐渐康复，一直与亲人快乐地生活着。安妮斯顿无疑是一位坚强的女性，而也正是她的坚强让大家都记住了她。

女生悄悄话

很多时候，我们经历一些磨难并不是坏事，从某种程度上甚至可以说是好事，正是这些磨难锻炼了我们的意志，让我们积累了战胜困难的经验，从而使我们再次遇到困难时不至于手足无措，同时，这些磨难能让我们更好地理解生活，更加懂得如何去生活，如何生活得更好。

自食其力的女孩

吴涛在一家公司做销售。跑了半天市场，回公司吃饭的时候路过一家米粉店，一阵阵汤香夹杂芹菜、葱头、胡椒、猪油的气味飘过，也许是太香了，吴涛居然不由自主地拐了进去。

“一份米粉，多放点肉丝和青菜，再加一颗卤蛋。”吴涛对正在挥舞铲勺的女孩道。

女孩二十来岁的样子，很瘦。她用一种僵硬的姿势转过身来，大大的眼睛看着他，紧抿的嘴唇嚅动了几下，没有发出声音。吴涛似乎明白了，这可能是一位轻度智力障碍者，刚刚没反应过来，于是，他放慢了速度又说了一遍，女孩这才点点头。

转过身，捞米粉，烫青菜……一切都是慢慢的，吴涛一直看着她的动作，心想这家店主怎么找这么一个店员呢？正在他奇怪的时候，一位妇人从店里走出来，亲切地说道：“您稍等一下，马上就好。”然后转身，临走时轻轻拍拍女孩的背，道：“乖女儿，做得不错。”

“味道真不错！”吴涛很快吃完了米粉，掏出钱来，递给女孩。

女孩接过五十元钞票，慢慢放进口袋里，脸上没有表情，头以奇怪的姿势晃了一两下，眼珠跟着闪动，仿佛脑中的计算器正在高速运转。吴涛并不着急，因为他从心里替女孩高兴。因为她能工作，帮家人分担劳务。

吴涛算过了，自己消费了十五，应该找他三十五元。所以，当女孩手探入口袋，掏出一张二十元的钞票，又掏出一张二十元的钞票，再掏出一张五元的钞票，郑重地放在他手上时，吴涛笑一笑，把钱放回她手上，说：“找我三十五元就够了。”女孩一愣，一时没有反应过来。

“不好意思。”刚才那妇人快步走过来道，“我女儿数学不好！”说罢柔声对女儿说：“给这位先生三十五元。”

“嗯！”女孩没有任何羞愧的神情，再次在口袋里掏起了钱，直到组成正确数额后，才放到吴涛手中。

“你做的粉很好吃！”吴涛接过钱，想了一下道，“再给我做一份吧，我带走。”女孩点点头，又开始忙起来。

吴涛接过米粉，付了钱，说了声谢谢，正要走。女孩忽然从屋里走出来，把一个硕大的苹果塞在他手上，并且脸上露出有点古怪但绝对真诚的笑容。

这是进口的苹果，胭脂红的果皮鲜艳诱人，一看就知道价值不菲。吴涛再次对女孩说了声“谢谢”，转头又对妇人说：“这苹果还你，我不能收。”妇人说：“不可以的，你还给我的话，我女儿会伤心的。”女孩用力地点头。

吴涛走出了小吃店，快步向公司走去，他要与同事分享手中的美食，也分享女孩的故事。

女生悄悄话

生活中很多人会遭遇到不幸，这些不幸并不是他们的错，但他们不得不去承受。想一想那些因先天或后天原因而输在起跑线上，却仍在努力奋斗的人，再看看自己，我们有什么理由不去努力奋斗？

不妨换个角度想想

狮子最近有点烦，因为它每天早上睡得正香的时候总被鸡叫声吓醒，纵然它雄壮威武、强大无比也无济于事。于是，它找到上帝道：“万能的上帝，我感谢你赐给我的一切，让我有足够的能力统治这整个草原。”

“你来此不只是为了单纯地感谢我吧！”上帝听了狮子的话，微笑道，“是不是有什么事困扰到你，让你来寻求答案的吧？”

“什么事都瞒不过您！”狮子不好意思地道，“我今天来，的确有事求您。”

“那你说说看，有什么事能难得住我们的草原之王。”上帝依然微笑着。

于是，狮子就把自己总被鸡叫声吓醒的事说了一遍，希望上帝能赐给它一些力量，别让它再害怕鸡叫。

上帝听了一笑道："这样吧，你去找大象，相信你会找到满意的答案。"

大象有这能耐？狮子有些不信，可转念又一想，上帝既然这么说一定有他的道理，我先去看看再说。

狮子来找大象，没等它来到大象的领地，便听到一阵"砰砰"的声音。

这是怎么回事？狮子心中疑惑，不免加快了步伐，老远就看到大象一个劲儿地摇晃着大耳朵，"砰砰"地跺着脚……那股狠劲像是要把地跺陷似的。

狮子走近了问："大象，怎么发这么大的脾气，谁惹你了？"

"讨厌的蚊子！"大象吼道，"这些该死的家伙，总想钻进我的耳朵里，害得我都快痒死了。"

"哦——"狮子笑道，"你那么大的身量，还会怕一个小小的蚊子？"

"身量大有什么用！"大象拼命摇摇大耳朵，道，"你来找我干什么？"

"对了，是这样，我每天都被鸡叫声吓醒，上帝让我问问你怎么办？"狮子道。

"我怎么知道！"正被蚊子折腾的大象没好气地说罢，继续跺脚晃耳朵。

"我就说嘛，你能有什么办法！"狮子说着转身又去找上帝。

路上狮子心里暗想，大象这么体型巨大的家伙，都会怕那么瘦小的蚊子，那我被鸡叫声惊醒，又有什么好抱怨的呢？再说了鸡不过一天叫一次，蚊子却是无时无刻不在骚扰大象，看来我可比它幸运多了。上帝要我来找大象，不是正想通过这件事告诉我，每个人都会遇上麻烦事，而真正能帮助自己的人就是自己吗？既然如此，我何不把鸡叫当成在提醒我起床呢？早起身体好！如此一来，鸡叫不就成了一件好事？想到这些，狮子不由笑了。

女生悄悄话

在人生的路上，每个人都会遇到不如意的事情。很多人遇上不顺的事的第一反应就是抱怨老天的不公，接着就是祈求老天帮自己渡过难关。但实际上，老天是最公平的，它给你设下的每个困境，都不是纯粹的，都有其存在的正面价值，关键是看你如何去看待。

不能流泪，就选择微笑

女孩辛迪一直住在美国一座山丘上的一个特别的房子里，那里没有任何有毒物质，完全以自然物质搭建而成。辛迪住在里面需要由人工灌注氧气，并且只能依赖传真与外界联系。

辛迪为什么生活在那样的环境里呢？事情起因是多年前的一天，辛迪拿起杀虫剂灭蚜虫，突然她觉得身体一阵痉挛，她原本以为那只是暂时性的症状，却没想到自己的后半生都毁在了这件事情上。辛迪的免疫系统被杀虫剂所含的化学物质破坏了，从此，年轻的女孩对香水、洗发水以及日常生活所接触的化学物质都过敏了，就连空气也可能使她产生支气管炎。这种多重化学物质过敏症是一种慢性病，医学界对之束手无策。

患病的前几年，辛迪睡觉时口水流淌，尿液变成了绿色，汗水与其他排泄物还会刺激背部，形成疤痕。辛迪承受着常人难以想象的痛苦。后来，她的丈夫吉姆以钢与玻璃为她盖了一个无毒空间，从此，辛迪住在了这个足以逃避所有威胁的“世外桃源”里，她的所有吃的、喝的都必须经过选择和处理，平时只能喝蒸馏水，食物中不能有任何化学成分。住进去之后，辛迪没有见到一棵花草，没有听到过一点声音，无法感受阳光的照耀，无法聆听河水的流淌。她就那么一直躲在没有任何事物的小屋里，饱尝着孤独、寂寞之苦。而且，无论她多么痛苦，她都不能痛痛快快地哭一场，因为她的眼泪也跟汗水一样，可能成为威胁自己的毒素。

然而，一切痛苦与困难都没有压垮辛迪，因为她是一个坚强的女孩，她知道自暴自弃只能毁灭自己。她要尽自己所能去努力奋斗，她要为自己，也为所有化学污染物的牺牲者争取权益。尽管生活在如此孤单、如此寂静的世界里，但她觉得自己过得很充实，因为不能流泪的疾病，让她选择了微笑。后来，辛迪创立了“环境接触研究网”，全身心地投入化学物质过敏症病变的研究中。再后来，她又与另外一个组织合作，又创立了“化学伤害资讯网”，以保证人们免受威胁。这一资讯网迅速发展，很快就有了5000多名来自32个国家的会员，他们不仅发行刊物，而且还得到美国国会、欧盟以及联合国的支持。

文生悄悄话

任何人都不可能不经历风雨，不遭遇挫折，面对这些，不要抱怨老天的苛刻，不要埋怨命运的不公。只要我们在困苦的逆境中把握方向，不懈奋斗，一定会迎来人生的另一番天地。

被辞退以后

从前，在某个小镇上，年近五十的苏珊大妈在一家药店当导购，也就是招呼到店里的顾客，工作很简单，所以薪水也很少。大家都认为她的工作是所有工作中最差的。即使这样，她还即将被裁，因为这家药店来了一个年轻的老板。

一天，新老板对苏珊说："从现在开始，你不仅要做好导购工作，还要负责来访者的登记，注意他们对我们的评价和建议。每周写一份报告给我。"

苏珊认真地按照老板的吩咐做着，可是老板始终不满意，最后，她被辞退了。

周围的人知道后，对此议论纷纷："唉，她除了当导购，还能做什么呢？""她一没技术，二没文化，还没有本钱开店。"

苏珊自己也很沮丧，觉得天都要塌下来了，不知道自己还能做什么。

但是，苏珊大妈向来不是自怨自艾的人，她难过了一阵后，就马上振作起来，她想到以前在药店里有窗帘破了时，她就做一些简单的缝补，或许做针线活可以勉强糊口，于是她决定去附近的城市里去买些针线，因为那里的品种齐全，价格也比较便宜。

等苏珊买回来针线后，刚进镇一个邻居就叫住了她："苏珊大妈，能不能借我一些丝线，过几天就还你。"苏珊是个善良的大妈，就同意了。没过多久，另一个邻居也来找她："我想织一件毛衣，你把新买的毛线借给我吧，我付给你钱和路费，你再重新买新的。"这样的事情发生得多了，苏珊就有了另一个主意：邻居们都没有时间出门买这些小商品，我为什么不做这个生意呢？说干就干，苏珊马上租了一间房，开了一家小商店。附近的居民都喜欢到她这里买东西，一些商家也愿意把产品放在她这里代销。

多年后，苏珊成为一家大超市的老板，竟然收购了她曾在那里当过导购的药店。

文生悄悄话

生活中，每个人都会遇到诸多不如意的事情。遇到事情并不可怕，只要我们调整好心态，控制好情绪，就能迎来峰回路转、柳暗花明。

你很美，只是你不知道

在英国的一座小镇上，有一个女孩子，很小的时候她就失去了父亲，跟妈妈相依为命。她们靠做手工维持生活。

由于家里贫穷，比起同龄人，她从来没穿过漂亮的衣服，更没戴过一件首饰。她觉得自己哪儿都无法与别人比，所以非常自卑，一直到了 17 岁，她依然自卑着。

这年平安夜的前夕，妈妈破天荒给了她 20 美元，让她给自己买一份圣诞礼物。这是她长这么大第一次拥有自己的钱，她高兴极了。然而，自卑的她还是不敢大大方方地走在马路上，她紧紧攥着手里的钱，绕开人群，贴着墙角朝商店走去。

一路上，女孩不停地偷看着路上的行人，这个女孩眼睛真大，那个女孩的皮肤真好，还有她们的衣服……她觉得所有人都比自己好，一时间唉声叹气。

前面走过一个男孩，阳光帅气，是他？是的，这可是自己最心仪的小伙子，女孩心跳不已，圣诞舞会上不知道谁会成为他的舞伴呢？唉，是谁也不是我这个小镇上最寒碜的女孩子！想到这儿，女孩心里酸溜溜的，就在男孩目光朝这边扫来时，她再次低下了头。

女孩一路嘀咕来到商店门外，等了好一会儿，才等到一个没人的空当。她小心翼翼地走了进去，一进门，眼睛立刻被摆在柜台上的一批特别漂亮的头花、发饰吸引了。

“姑娘，你亚麻色的头发真漂亮！”正当女孩看得发呆的时候，售货员道，“要是再配上一朵淡绿色的头花，一定迷倒全镇所有的小伙。”

女孩一阵紧张，心开始“砰砰”跳起来，眼中放出异样的光彩，然而，瞬间便又暗淡下来。13 美元？女孩垂下了眼睛：“我买不起，还是不试了。”然而，此时售货员已经把头花戴在了她的头上，并拿来镜子举在她面前。

女孩慢慢地抬起头，当她看到镜子里的自己时，突然惊呆了。“这是我吗？”她从来没看到过自己这个样子，她觉得这一朵头花使她变得像天使一样容光焕发！于是，她一咬牙，掏出钱来买下了这朵淡绿色的头花。

接过售货员找的钱，女孩突然觉得自己的身体轻飘飘的，她像一只快乐的小鸟般从商店飞出去，结果与一个刚刚进门的老绅士撞在了一起……她仿佛听到老人叫她，但已经顾不上这些了。

女孩一路蹦蹦跳跳往前跑着，不知不觉间，就跑到了小镇最中间的大路上，她看到所有人都在看自己，目光中充满着惊讶。

“镇子上还有这么漂亮的姑娘？”

“这是谁家的孩子？”

“我怎么从来没见过呀！”

听到人们在议论，女孩有些不好意思地放慢了脚步，但没低下头，心里甜滋滋的。这时一个男孩跑过来，在她面前倒退着道：“圣诞舞会上，能请你做我的舞伴吗？”

是他，就是那个自己心仪的小伙子，女孩心里一阵狂跳。她微微一笑，转身往回跑，她要再奢侈一回，用剩下的钱回去再给自己买点东西，让自己更漂亮！

当她回到小商店，刚一进门，那个老绅士便微笑着迎接了上来：“我就知道你会回来的！孩子，这是你的头花吧？刚才掉下来了……”

女孩下意识地摸头发，结果什么也没有。她接了头花，谢了老人，什么也没买便跑了回去。

舞会上，女孩并没戴那朵淡绿色的头花……

女生悄悄话

自卑感多数人都有，或重或轻，它是一种轻视自己的心理，是孤独的始作俑者，更是我们前行道路上的最大阻碍。尽管如此，我们却不能因自卑这块绊脚石，而自暴自弃，我们没理由。其实我们有很多地方都优于别人，只是我们不知道而已。

让生命焕发光芒

很多年前，美国有一位优秀的跳水运动员，名叫乔妮·埃里克森，正当她一步步步入辉煌、走向世界的时候，却在一次跳水事故中，身负重伤，除了脖子以外，全身瘫痪了。

一直热爱跳水运动的乔妮哭了，她实在不愿接受这个不幸，她躺在床上辗转反侧，不管家里人怎样劝慰她，亲戚朋友怎么安慰她，她都无法摆脱这个噩梦，觉得命运对自己实在太不公平。出院后，她让家人把她推到跳水池旁，她注视着那碧蓝的水波，仰望着那高高的跳台，又哭了起来，不知道自己离开了跳水，将怎样生活下去。她就那样绝望地望着蓝莹莹的水池，过了好久好久，她猛地昂起了头，抛开了脑海中自尽的念头，开始冷静思索人生的意义和生命的价值。

她向别人借来许多介绍前人成功的书籍，开始认真地读了起来。她虽然只能靠嘴衔一根小竹片去翻书，常常累得停下来，但稍事休息，她又坚持读了下去。通过阅读，乔妮终于领悟到："我是残疾了，可是很多人残疾后，就又在另一条道路上获得了成功，他们能做到，我一定也能做到。"于是，她想到了自己自小就喜欢的画画。“对，我可以去画画。”想到此，这位纤弱的姑娘变得坚强起来，她捡起中学时代曾经用的画笔，用嘴衔着，练习起来。

这是一个相当艰苦的过程，她的家人担心她不成功会更加伤心，都来劝阻她，可是乔妮没有被困难吓倒，亲人的劝告反而激起了她的决心，她更加刻苦了，经常累得头晕目眩，汗水弄疼了她的眼睛，甚至有时汗水把画纸也打湿了。为了积累素材，她还经常乘车外出，拜访艺术大师。几年之后，她的辛勤努力没有白费，她的一幅风景油画在一次画展中获得了美术界的好评。

后来，乔妮又想到了文学，家人又来劝她：“乔妮，你已经学会了绘画，就别学什么文学了，那会让你更加辛苦的。”乔妮没有说话，她想起一家刊物曾向她约稿，要她谈谈自己学绘画的经过和感受，于是她用了很大力气，可是稿子却没有写成，这件事让她很受打击，觉得自己的写作水平太差，必须一步一个脚印才行。

这条路更加艰辛，可是乔妮仍然没有退缩，她发誓一定要圆自己的文学梦。终于，经过努力，她的梦变成了现实，她的自传出版了，一时间轰动了文坛。又过了两年，她所写的《再前进一步》一书问世，这本书以作者的亲身经历，告诉残疾人怎样战胜病痛，努力成才。后来，这本书被搬上了银幕，影片的主角就是乔妮自己扮演的。她成了青年们的偶像，成为无数青年自强不息、奋进不止的榜样。

文生悄悄话

每个人都想让自己的生命发挥最大的能量，可是对于处于困境中的乔妮来说，这一切做起来是那么的艰难，可是她做到了。虽然她的跳水生涯中断了，但她经过自己的努力，却取得了其他更为优异的成就，成就了另一番精彩人生。

第五辑　心中洒满阳光

假如生活欺骗了你，不要忧郁，也不要愤慨，相信吧，快乐之日就会到来。

——普希金

迟了半生的一场舞

里尔是一位年轻的地质学家，有一次他和几名同事被派往中国一个偏远地区，进行一项地质勘探考察工作。路途的艰辛，让几人难以忍受，不停地发着牢骚。

一天下午，一行人到达了当地的一个小山村，又累又饿的他们实在不想走了，便在路边的一个破旧小屋前停了下来。

屋里住着白发苍苍的奶奶和半大小子的孙子，祖孙俩热情地招呼里尔几人进屋，老奶奶做饭，小孙儿帮忙，不大一会儿，饭菜便上了桌。对于饿坏了的人来说，什么都是美味，所以饭菜虽然简单，几个人却吃得狼吞虎咽。他们吃着，老奶奶一直笑眯眯地看着，不时拿扇子帮他们扇着风。不知出于什么原因，自从进入了这间屋子，里尔就被这个微笑着的愉快的老妇人吸引着，不想这么快就上路，总想与这位老奶奶说些什么。

就在里尔认为语言不通，准备放弃的时候，老奶奶居然说起了英语，虽然磕磕巴巴，但发音却很纯正，这让包括里尔在内的所有人都大吃一惊。一路走来，在城镇还好，当地个别几个人还能用几句不熟的英语与他们交谈，而一入乡间，他们几个人就成了聋子，什么也听不懂，当地人的方言对于他们来说比听天书还难，这位老奶奶居然能说一口“流利”的英语，这让他们倍感亲切。

原来，这位老奶奶出身于一个有钱的商人家庭，年轻的时候也受到过良好的教育。少时随父母出外经商，在异国他乡，经营过一家中国餐馆。老奶奶说话间脸上洋溢着的幸福，说明她有一个幸福的童年。确实如此，小时候她随父母去过很多地方游玩，有过很多美好的回忆，如果按照出身、家庭和教育为她安排的轨迹，她将顺理成章地成为中产阶级中的一员。

有一次，父母带她参加当地人举办的聚会，舞池里俊男靓女的翩翩舞姿，至今令她难忘。当时，她就有个愿望：希望有朝一日自己也能像那些女人一样穿着华美衣衫，在音乐与灯光下仙女般翩然起舞。

可是，长大的她随着中国巨大的变故和其他种种原因，流落到了这个几乎与世隔绝的荒野小村，在这里一住就是几十年，艰难地维持着生机。

老奶奶表情很平静，没有怨恨和痛斥，像是在讲述别人的故事，那份安详让里尔等人为之钦佩、感动。

“你就没什么让你遗憾的事情吗？”里尔说话的声音很轻，生怕勾起老奶奶的伤心往事。

“遗憾吗？有！”老奶奶微笑着道，“我想跳一次舞。”

仅此而已？这样的回答让里尔感到意外。一阵沉默之后，里尔隔着桌子紧紧握住老奶奶的手，轻轻地问她：“还想学吗？就在这儿？”

“可以吗？”一抹笑容顿时绽放在老奶奶的脸上。

于是，在这间大约十几平方米，没有音乐、没有灯光的泥土地的屋子里，来自异国的里尔紧握着老奶奶的手，面带微笑，跳起了特殊的、动人的舞蹈。

女生悄悄话

乐观是一种生活态度，在梦想与现实的巨大反差下微笑面对生活更是一种能力，这样的人绝对是聪明的人。生命本来就很短暂，何必再牺牲自己阳光的朝气，去换取不能让自己快乐的东西呢？女孩们，面带微笑，去迎接未来的挑战吧！

黑夜使你看得更远

安迪最近心情很糟糕，因为不仅事业上出现了麻烦，而且人际关系也一团糟。为了调节心情，安迪选择去自己读大学的城市旅游散心。

这天，安迪正在大街上游逛，突然遇到了大学时的心理学教授惠特曼女士。教授关切地询问安迪的近况，安迪犹如遇到知音一样，把自己最近所遭遇的一切一五一十地向教授倾诉了出来。

惠特曼女士面带微笑，极为耐心地听完了安迪的抱怨与委屈，点了点头，平静地说："哦，听你这样说，似乎你的状况很糟糕啊，不过，你有没有想过如何来改变这种情况，让自己过得好一点儿呢？"

安迪回答说："我当然想过，也尝试过很多办法，可是好像一直没能找到有效的办法，老师，您能给我指点一二吗？"

惠特曼女士看着困惑不已的学生，神秘地笑了笑，说道："嗯，我的确有一个好办法。你明天晚上如果有空，就来学校坐坐吧，我们好好谈谈。"

第二天，安迪如约而至，与惠特曼女士一起漫步在校园幽静的小路上。她们边走边谈，可是谈了好久，教授一直没有把她的秘诀告诉安迪，安迪都有些着急了，催促着让教授告诉自己如何才能使自己走出困惑与迷茫。

看着安迪着急的样子，教授依然没有直接说出答案，而是停下脚步，抬头望着天上的星星，微笑着问："安迪，你看天上的星星多亮啊，你能够数清它们吗？"

安迪不明白老师的意思，不解地问："我相信谁也无法数清吧，不过这跟我又有什么关系啊？"

惠特曼女士看着安迪，语重心长地说："你要知道，我们在白天所能看到最远的星体就是太阳，但是我们在夜里却可以看见超过太阳亿万倍距离以外的星体，而且有很多，数量多得我们数都数不清。"

安迪抬头看了看天上的星星，心里依然充满了疑惑，不明白老师给自己讲这些的真正含义。这时只听惠特曼女士继续着："假如一个人在年轻的时候一直过得顺风顺水，那么他这一辈子也只不过看到一个太阳而已。但是如果你的人生进入了黑夜，那么你是不是就可以看到更远、更多的星星了呢？"

听完教授这一番话，安迪恍然大悟，顿时感觉心里敞亮了许多。

女生悄悄话

天有阴晴，月有圆缺，我们的生活也有如意与挫折。当我们遇到阴霾天气时，我们要学会用自己的心灵来弥补气候的不足；当我们走入人生困境时，我们要学用调节心情，坚强地与挫折斗争，创造出一片风和日丽的天地。

笑到最后的选手

看过2004年雅典奥运会的人大概都不会忘记那样的一幕：一个漂亮的女孩以10.6环的好成绩战胜了俄罗斯选手加尔金娜，为中国代表团夺得了本次奥运会的首块金牌。这个女孩就是中国的美女射手——杜丽。

其实，当初谁也没想到杜丽能夺得金牌，因为她在上场前出现了一连串的状况，连教练都为她捏着一把汗。

事情是这样的。预赛时，按组委会规定，在赛前要对每一个选手的衣服进行检查，然后在扣子上做个标记。可是由于工作人员的疏忽，检查杜丽的工作人员忘记给她做记号了。比赛马上就要开始了，正在安心做着赛前准备的杜丽却看到一个裁判气势汹汹地走到她面前，要对她重新进行检查。杜丽的教练看到后，非常气愤，因为此时正是队员调整心态、准备静下心来比赛的关键时刻，一旦遇到打扰，影响了心情，那么比赛的结果就难以预料了。但是杜丽却没有教练那么恼火，她只是微微一笑，平静地让裁判进行了第二次检查。

预赛开始后，杜丽竟然两次将枪架碰倒，场边的教练直吸凉气，一度以为杜丽这下子完了，注定会被早早淘汰，甚至认为全是赛前被重新检查造成的。然而，让教练没想到的是，杜丽脸上没有一丝紧张，而是很麻利地再次将架子扶起来，一脸平静地重新安装，继续比赛。

杜丽闯进了决赛，在这里，她碰到了一位最强的对手——俄罗斯选手加尔金娜。赛场上，加尔金娜一路领先，而杜丽则紧追不舍。在长期的赛前准备中，细心的杜丽发现加尔金娜是一个心理素质极好的选手，而且节奏感比较强，而自己却是一个出了名的快枪手。针对对手的特点，杜丽改变了战术，和对手拼起了节奏和稳定性，基本都是在加尔金娜出手后再出手，最后一枪更是在对手失误后才稳稳地打出，竟然打出了 10.6 环的好成绩，而加尔金娜只打了个 9.7 环。就这样，杜丽战胜了对手，夺得了金牌，一夜之间，世界的每个角落都传遍了她的名字。

后来，在记者招待会上，有记者问杜丽是如何面对失败，如何突出俄罗斯、捷克选手的包围圈，赢得胜利的，杜丽淡然一笑说：“无论什么时候，我都会保持积极的心态。当我第一次碰倒枪架时，我心里的确有点紧张，可是第二次碰倒后，我平静了，我就想，这或许正是老天的意思，它是想让我休息一下呢。决赛时，我每一枪的成绩都能在小屏幕上看得见，我想平时怎么训练，这时也怎么打吧，只要打出自己的水平就可以。其实，我一直都只是想着如何战胜自己，从来没有去想别人怎么样。我始终都在提醒自己，只要战胜了自己，我就能战胜对手。”

正是依靠这种良好的心态，杜丽赢得了运动生涯中的一次又一次辉煌。

文生悄悄话

事实正如杜丽所说："战胜了自己，就战胜了对手。"然而要想战胜自己，就必须拥有良好的心态，处变不惊，遇事不慌，坦然从容。不论遇到什么困难，我们都不要惊慌失措，乱了阵脚，只有这样，我们才能笑到最后，赢得成功。

牢房里看到了星星

有一位军人的妻子，名叫塞尔玛。她陪伴丈夫驻扎在一个沙漠的陆军基地里。

有一次丈夫奉命到沙漠里去演习，一走就是几个月。她一个人留在陆军的小铁皮房子里。天气热得受不了，她就躲在仙人掌的阴影下，可是还是不能消除那种炎热。如果是在家里，找几个朋友聊聊天，也好打发些，可是在这里，她的身边只有墨西哥人和印第安人，这些人连一句英语都不会，更别说聊天了。所以，她只能傻傻地忍受着寂寞与这酷热的鬼天气。这天，她实在忍受不了了，就写信给父母，说自己想回家去。父亲看完信，只给她回了两句话："两个人从牢中的铁窗望出去。一个看到泥土，一个却看到了星星。"虽然只有短短的两行字，却永远留在了她的心中，并且完全改变了她的生活。

塞尔玛一遍又一遍地读着这封回信，品味着父亲的话，觉得非常惭愧。她暗自下决心，一定要在沙漠中找到星星。从此，她开始和当地人交朋友。他们的热情反应使她感到惊喜，这是她以前从没想象到的。同时，她对当地的纺织、陶器也产生了浓厚的兴趣。当地人把自己最喜欢但又舍不得卖给观光游人的纺织品和陶器送给了她。另外，塞尔玛还研究那些以前令自己看不起，或者说是讨厌的仙人掌和各种沙漠植物，居然被它们深深地吸引了，甚至入了迷。她观看沙漠日落，寻找海螺壳。这些海螺壳是几万年前，沙漠还是海洋时留下来的……原来难以忍受的环境变成了令人兴奋、流连忘返的奇景。

沙漠还是原来的沙漠，印第安人也还是当初的印第安人，他们自始至终都在那儿，一点儿也没有改变，改变的只是塞尔玛的心。她的心态的改变，让她的思想也随之转变，使她把原先认为恶劣和枯燥的生活变成了一生中最有意义的冒险。塞尔玛为发现"新世界"而兴奋不已，那是因为她从牢房里看到了星星。

后来塞尔玛出版了一本书，名字叫《快乐的城堡》，一经发行便风靡一时。因为人们从书里能看到冲出困境的希望。

文生悄悄话

就如牢房里可以看到星星，沙漠里可以找到海螺一样，人生处处充满着希望，就看你以什么样的心态去面对，只要你乐观地、耐心地去看，去寻找，希望就在伸手可触的地方。

永不绝望的女孩

有个山东女孩叫杨阳，在上初中时就出现了严重的偏科：她从小就对文史有着浓厚的兴趣，对诗词歌赋也颇有心得，名家古诗更是倒背如流，而且酷爱写作，地市县级报刊上她的大名也是经常出现，可是英语对她来说无疑就是天书，数字更是看到就头蒙，从初中开始她的数学和英语可以说就没及格过。这让老师和父母很是苦恼。

“天生我材必有用”是杨阳常挂嘴边上的一句话，与其说是对自己的鼓励，不如说是一种无奈的解嘲。这种状况一直持续到高中，仍没有丝毫好转，等待她的无疑高考的落榜。一次失败不能说明永远都失败，于是，杨阳重打鼓另开张，第二年再次踏进了高中的校园，然而却再一次名落孙山。一时间，父母唉声叹气，老师摇头无语。父母痛苦的表情、老师无奈的眼神、亲戚邻里的指桑“说”槐、闲得没事干的人的冷嘲热讽，箭一般刺着杨阳那颗还算幼小的心脏。自家屋后就是山梁，杨阳发疯似的冲上山顶，仰头大喊后掩面而泣……

拼了！杨阳哭罢之后，便把自己关进了小屋，“头悬梁锥刺股”起来，一年的发奋图强之后，杨阳抱着“只许成功，不许失败”的高压心态第三次踏入考场。遗憾得很，成绩公布后她又以两分之差再一次被拒之大学校门之外。不能学前辈“八年抗战”，但不能不效仿红军不怕“远征难”的精神。在知道消息的第二天，天不亮，杨阳就打点好行李，在书桌上留下一张“永不绝望”的字条后，揣着爸妈给她预备考后游玩用的五百元钱，走出家门，踏上另一条寻梦之路，而这一走就是八年。

八年中，杨阳干过餐馆服务员，干过车站搬运工，干过推销员，干过保险业务员，就是没回过家，因为她告诉自己，只有“衣锦”才能还乡。这期间，无论做什么，活再忙，杨阳也没放下手中的笔，只要一有空，就会随手写点什么，诗歌、散文，什么都写。对于原本就有一定写作功底的杨阳来说，生活经验、社会阅历无疑给她的作品注入了新的灵魂，使她的文笔越显成熟老到起来。她一边笔耕不辍，一边自考汉语言文学专业，她的作品常被县市级、省级，甚至国家级刊物刊登采用。

刚拿到自考大专文凭，便赶上某省一家发行量傲居龙头的报社招聘文字记者，杨阳毫不犹豫地抱着自己厚厚的“资本”前去面试。天道酬勤，幸运光环终于降临了，她被总编一眼看中，破格录取，从此走上职业记者生涯，命运从此改写。

文生悄悄话

磨炼出人类最坚强意志、锤炼出人类最深邃思想的，不是人类学识，也不是商业行为，更不是一时的感情冲动，而是苦难。一个人的一生，就是一次次磨难后的成长，一次次考验后的积淀；是一次次跌倒后爬起再启程，直到背包满满地迎接成功。

她这样看待困难

有一个北京女孩，自小习练武术，并在 1977 年获全国武术青少年组武当剑术冠军。

我们都知道习武很苦，当时她还参演了几部电影，再加上文化课，这些对于一个小姑娘来说，是相当繁重的，可是后来当有人问她当时会不会有一种被压得喘不过气来的感觉时，她的回答是——恰恰相反，我非常快乐。她说："练武术讲究精、气、神，讲究竞技状态中的出彩，所以今天我能比别人多一份精力投入工作。出去表演让我经历了别人无法经历的生活，小小的年纪，我就学会了与大人沟通。"拍电影的辛苦更被她识为游历名山大川，免费旅游。

也正是这样积极乐观的心态才成就了美国《财富》杂志2001年度50位国际商界女强人之一；25位全球企业新星中榜首,《财富》封面人物的殊荣。而这一切都源于她的乐观自信，不懈努力。她就是维亚康姆公司旗下的MTV全球电视网中国区总经理李亦非。

李亦非对生活永远充满着自信，乐观开朗的微笑永远挂在她的脸上。不管面对的是工作的挑战，还是生活的压力，她都能保持一种乐观积极的心态，从来不给自己消极的机会。也正是这样，成功才一次又一次光临这位年轻的女性。

当时，维亚康姆公司——全球三大传媒和娱乐业巨头之一，多年来一直想进军中国这个庞大市场，但苦于没有恰当的契机和合适的人选而被搁置。李亦非的出现让维亚康姆眼前一亮，她聪明大胆、乐观自信、精力充沛，于是成了其当家招牌MTV在中国市场开疆拓土的不二人选。

1999年3月，时年37岁的李亦非，走马上任。在她的带领下，MTV发展势头喜人，与中央电视台联合举办的CCTV-MTV音乐盛典，获得空前的成功， 2000年一年，收视率曾提高7.8%，然后是《丽丽点唱机》、"可伶可俐巡回"活动，还有《MTV天籁村》，再之后是与新浪网合作，成功地举办了夏日演唱会……一次次成功把这位美丽与智慧、大胆与乐观集一身的女性，推上了事业的顶峰。然而，在她心里，无论是自己，还是MTV，路才刚刚开始。所以，成为《财富》封面人物的她，在接受采访时依然只有谦逊与平静。

女生悄悄话

不管是学习、工作，还是生活，困难与困惑是避免不了的，只要你保持乐观，坚定信心，咬紧牙关，少一点抱怨，多一份热情，那么所有的美好都将属于你。那些只知道怨天尤人、畏惧不前、轻言放弃的人，一生只能与失败为伍。

学会自己爱自己

一天，一位母亲来找心理学教授，后面跟着她女儿，一个外表邋遢、长相俊美的女孩。“这是我女儿，你看看她的样子。”妇人用力把女孩往前拉，瞪她一眼道，“我就弄不明白，都17岁啦，还一点不懂事，一天到晚吊儿郎当，学习马马虎虎，穿衣邋邋遢遢，一点儿也不知上心，整日魂不守舍的；周围的不管是人还是事就像跟她一点关系也没有一样。可怎么办呢？”

“我可不可以跟她单独谈一谈？”教授笑着说，“或许我能了解她对自己和周围一切漠不关心的原因。”

母亲走了，教授开始跟女孩聊天，可她总是似听非听的样子，想说了说一句，不想说干脆低头不理。教授发现女孩虽然外表成熟了，但心理还很幼稚。

见这样谈起来没什么效果，教授沉默了一会，突然道：“孩子，你难道不知道你是个非常漂亮、非常好的姑娘吗？”问话的时候教授一直盯着女孩的脸，发现一缕亮光从女孩那双美丽的大眼睛里放射而出。

女孩慢慢地抬起头，盯着老教授那布满皱纹的善良面孔看了好久，脸上浮现一丝惊喜又稍带羞涩的笑容，有些不相信地道："您说什么？"

"我说你很漂亮、很好，可你自己却不知道自己是个漂亮的好孩子。"

"他的确是这样说的！"再次证实后，女孩秀丽的脸上更多地呈现出了舒心的微笑。"他说我是个漂亮的好孩子！"女孩从未听到过这样的话，平时充塞她耳际的除了同学们的数落、嘲弄，就是母亲的谩骂。所以，她才这样破罐破摔的。

教授拉着女孩的手说："孩子，今晚我和我的夫人要去剧院看芭蕾舞剧《天鹅湖》，请你陪我们一块去吧。"教授看了下表，"现在还有两个小时的时间，如果你愿意，请你回去换换衣服。我们在这儿等你。"

"太好了！"姑娘高兴极了，活蹦乱跳地跑出去拉着母亲回家去了。

很准时地，一阵文雅的、轻轻的敲门声传来，教授打开门：一位身着晚会盛装、宛若出水芙蓉般的少女出现在眼前，细眉如月，美目动人，那富有表情的面庞，使她显得那么聪明伶俐，体态那么苗条健美。教授一下子有些惊呆了，那一颦一笑、一举一动，无不显得文雅、自持、适度，这还是刚才那位邋里邋遢的少女吗？

姑娘变了，从内到外地变了，变得自爱而奋发，后来居然成了著名的舞蹈艺术家。

文生悄悄话

力的作用是相互的，如果你打人一拳，就会有同样强的力量反弹回来。同样，你对生活抱有什么样的态度，生活也会给你什么样的态度。你爱它，它也爱你，你以清新对它，它也还你以清新。我们何不从爱自己开始，去爱生活，相信生活一定会给我们以美好的回报。

买瘸狗的女孩

女孩路过一家宠物店门时，店门口挂着的“小狗出售”的大牌子，吸引了她的目光。这无疑是店老板的经营手段，他知道小孩子们多喜欢小动物，果然不出他的意料，小女孩在店外徘徊了一阵后，还是走进店来。

“要买到小狗需要多少钱呢？”小女孩问店老板。

“从 30 元到 50 元不等。”老板看自己做的广告已初见成效，非常高兴。

女孩的手伸向口袋，掏出一把零钱，认真地数了数，道：“我只有二块三毛七，能看看小狗吗？”

老板微笑着点了点头：“当然可以！”随着他一声口哨，走道的另一端，一只狗妈妈身后跟着 5 只毛茸茸的初生小狗跑了过来；前面 4 只毛球球一样，滚动着紧紧跟在狗妈妈身后，而最后一只却是一跛一跛地，拉下了好长一段距离。小女孩一眼就看出这只小狗的腿脚不利索，问道：“这只小狗怎么啦？”

“它一生出来就是那样！”老板解释道，“兽医已经检查过了，它的后脚残缺，这辈子注定要当跛脚狗了。”

女孩听了一阵高兴，道：“我就要买这只小狗。”

“什么？你买它？”老板一惊，看了看小女孩，道，“这只狗你没必要掏钱买，你若真想要，送你就好了。”

女孩听了，很不高兴，脸一沉，两眼直视着老板，语气坚定地道：“我不要你送我，这只小狗和其他小狗一样值钱，我会付足价钱买下。我现在只能给你二块三毛七，但以后每个月我会给你五毛，直到把钱付清。”

“这又何必呢？”老板摆了摆手，依然坚持道，“它又不能像其他小狗一样陪你跳，陪你玩。说白了你买它没有任何用处，除了给你带来累赘，不会给你带来任何快乐！”

“不，不会的！”女孩说着弯下腰，拉起左边的裤管，露出扭曲畸形、全靠金属支架支撑的左腿，抬头看着老板，轻声地说：“我自己也跑不快，我和它也算同病相怜了。”

……

女生悄悄话

生活中，我们常常看到某个人因身体上的残疾而遭人嫌弃，但自己不能轻看自己。生命不分贵贱，就看如何走好人生这一条航线。虽然我们很渺小，但就算我们的身体有残疾，但只要我们的思想是健全的，只要我们昂起头，就没人敢无视我们的存在！

不要把自己打折

有个在德国留学的女孩，大学毕业后，开始四处求职，以图能尽快地找到一份正式安定的工作。然而，当时的就业形势并不是那么乐观，女孩刚刚毕业，缺乏工作经验，加之腿还有一些毛病，所以都三个月了还没有找到一份合适的工作。

多次碰壁后，女孩开始委曲求全，虽然自己有二级建筑装饰设计师的证书和资质，但是由于腿的问题，她一再降低着自己的标准，直到被一家小建筑装饰设计企业接纳。

这是一家私人企业，规模很小，给她的工资只有每月2800欧元。就是这样女孩也很满足了，心想，就自己的条件来说这已经不错了，于是，她就很安心地工作起来。

一周后的一天，女孩正在工作，工会的人找到了她，并咨询了她的工资待遇问题，女孩心想，不论是多少只要我愿意也就没什么不能说的，于是她如实地回答了。工会的人提醒她道："小姐，按工会和政府规定，像您这样持有二级证书的建筑装饰设计师，月薪应达到3500欧元。"

"对于你们的关心，我表示感谢！"女孩微笑道，"我现在完全可以接受这个偏低的工资了，我需要这份工作。"

工会的工作人员听了女孩的话很失望，并没再说什么就走了。女孩以为这事到此也就完了，可让她没想到的是，第二天又有政府部门的工作人员来到公司，来人并没有约她，而是直接找到了她所在的私人公司的老总，以这样做是不遵守国家法律的，违反人权，违背了一个二级建筑装饰设计师的真实劳动价值为由，要求公司将她工资升到政府规定的3500欧元每月。公司的老总表示无法满足这个要求，只好把她给解雇了。

当时的女孩真是哭笑不得，心想，给我多少我只要愿意不就行了？于是她去找工会和政府的负责人员，那人很严肃地提醒她："请您尊重您的价值，因为它已经得到了社会的认可。当你贬低或破坏您的价值时，就等于贬低或破坏整个行业在这个社会的价值。"就这样，女孩只得领着政府的失业金，又四处找起了工作。

过了好长一段时间，女孩终于找到一份符合身份和价值的工作，而且，这家公司给她的月薪是4200欧元。后来，女孩总是会想起那次可爱的政府干涉，尽管让她很长一段时间饱受着煎熬，可是她很感动，不单单是因为自己今天能拿更高的薪水，更多的是让她清醒地认识到了自己的价值，让她找回了自信。

文生悄悄话

人生之路没有顺顺利利的，无论在什么时候，自己都应该尊重自己，尊重自己的价值，不能因为一时的困境而贬低和破坏自己的价值。就算我们的身体有一定的残缺，也不可以把自己看低。只有我们懂得尊重自己的价值，才能得到社会的尊重！

特殊的障碍赛

“过了今天，大家就要离开学校了，我也没什么送给大家的，让我们一起来做个游戏吧！”这位平时总是一脸严肃的老校长忽然说这样的话，着实让这些即将走入社会的大学生们有些始料未及，他们小声地议论着，也期待着老校长的下文。

“这个游戏的名字叫作障碍赛。”老校长说着，指挥学生，在礼堂中间拉起一高一低两根绳子，又在讲台跟前摆上了几把椅子。布置停当，老校长道：“有哪位同学愿意参加？”

可能是因为最后一天在校的缘故，学生们都很踊跃，就连平时害羞胆小的学生也举起了手。老校长随机选了五名学生后宣布游戏规则：

参赛同学要蒙上眼睛，先后要钻过、跨过这两根绳子，然后从椅子中间穿过去，最后走到讲台上来，身体任何部位不接触障碍物者为赢，否则就算失败。游戏前，可以不蒙眼睛先试着走两次，适应一下。

五位选手试过之后，都被蒙上了眼睛，游戏开始。第一位同学虽然很小心，可还是一脚把椅子踢翻了，顿时引来旁观者的哄堂大笑，其余四位同学更加紧张起来。

第二位同学上场，虽然老校长已示意把障碍物全部撤走，可是他还是按照自己的记忆走得非常小心。“抬脚，抬得高一点”“弯腰，低点，再低点”“向左一点，要碰到椅子了”，学生们一边起哄提示，一边开心无比地笑着，直到他走到台上。然后是第三位，谨慎而夸张的动作再现，同学们的起哄、欢笑再起，直到五位同学全部站在台上。

在同学们的欢笑声中，五个同学一起取下蒙眼的手绢。看着空荡荡的礼堂，先是一愣，很快便都不好意思地笑了起来。

老校长没笑，只是静静地等着，直到大家的笑声渐渐减少，最后静下来，他才开口道：“要到社会上打拼了，我只希望大家明白：在人生中，有些你以为的障碍，其实并不存在；而最大的障碍，就在你们自己的心中。”

文生悄悄话

现实中不少的困难与障碍都是我们想象出来的，而事实上是，就算有也不像我们想象中的那么严重。只要我们不放弃，鼓足勇气微笑着迎上去，就会发现它们并不可怕。看似跨越不了的障碍，其实只是因为我们先被自己吓倒了。

做好人生选择题

丹妮是一家餐厅的经理，她的下属都很喜欢她，佩服她，如果她跳槽到别的餐厅，这群人都会跟着她一起走。这些下属为什么对她如此忠心呢？主要的原因就是丹妮是一个乐观向上、富有朝气的人。只要她看到哪个手下不开心，她就会帮下属分析，引导他从好的一面去看问题。

丹妮的乐观让很多人感到奇怪，一天有位朋友问她：“你每天都这么开心，是怎么办到的呢？难道你就没有烦心事吗？”丹妮说：

“每天早上我醒来，会告诉自己：你今天有两个选择，要么开心，要么烦恼。而我总是选择开心地过一天。每当遇到不好的事情，我也告诉自己有两种选择，要么成为一个受害者，要么从事件中学习，我也总是选择后者。”

朋友说：“你说得对，可是做起来哪有那么容易啊！”丹妮说：“没什么难的。人生就是在做选择题，每一个状况发生时，都要做出选择，这些选择说到底就是你究竟怎样拥有一份属于自己的日子。”朋友听了直点头。

有一天早上，丹妮所在的餐厅遭到了抢劫，三名持枪歹徒胁持着丹妮，让她打开保险箱。丹妮毕竟是个年轻的女子，紧张得手直发抖，一连按了几次密码都没按对，歹徒一生气就开了枪，丹妮倒在了血泊中。幸好警察来得及时，救了她。在医院里经过近二十个小时的抢救，丹妮活了下来，不过还有一些子弹碎片留在了身体里。

丹妮出院后，一个闺密去看她。丹妮乐呵呵地说：“亲爱的，想看看我的伤疤吗？”闺密看到她的伤口，心疼得直掉眼泪，忍不住问她：“当抢劫案发生时，你脑子里在想什么呢？”

丹妮说：“闪过我脑海的第一个念头就是我应该把后门拴好。当我躺在血泊中时，我记得头脑中出现了两个选择：或生，或死。而我选择了‘我要活着’。”闺密又问：“当时你不害怕吗？”

丹妮说：“救护人员来得很及时，他们不停地对我说，我会没事，我会好起来的。但是当他们推我进急救室时，我看到医生和护士脸上的表情，我真的害怕了。他们脸上明显地写着：‘这就是一个死人。’当时我知道我必须马上采取行动才行。”

闺密怔怔地看着她，等着她往下说。丹妮接着说：“当时有一个护士大声地问我：‘你有没有对什么东西过敏？’我立即回答：‘有！’医生和护士顿时停下了手上的工作，等着我的答案。我深呼一口气，用尽力气，对他们说：‘子弹！’他们都笑了。我又告诉他们，我要活下去，所以请为我动手术，当我是个活人去做手术，而不要当我是等待死亡的死人。”

显而易见，手术很成功，丹妮活了下来，医生们都说这是个奇迹。其实这个奇迹的产生，除了医生们的高明医术外，还有一个因素就是她的乐观精神。

文生悄悄话

人生就是一个不断选择的过程，你的选择决定着你如何度过生活的每一天。世界不是我们一人之力所能控制的，但自己的内心我们却可以最大限度地修炼，使自己拥有一个积极的心态。

千疮百孔的树叶

20 世纪 80 年代，重庆的某医院的一间双人病房有位老太太，她已在这住了很长一段时间了，另一张床自打她来就空着。一天，一个年轻女子住了进来，进来后姑娘除了回答医生、护士的询问，其他一句话也不说，整天愁眉苦脸、唉声叹气。

老太太却是另一种状态。她虽然身患顽疾，却依然精神矍铄、随和开朗。打针、吃药后，她便主动与年轻女子聊天。很快，年轻女子便知道了老太太的过去。其实，老太太年轻时由于战争娘家亲人全部遇难，后来丈夫又在一场空袭中不幸死去，自己也被炸伤了一条腿，好不容易把儿子拉扯大了，他又在一次交通事故中丧生，留下她一个人孤苦伶仃。

听老人诉说着，并没有像一般人那样痛不欲生，依然一副乐观豁达的样子，年轻女子也有了倾谈的欲望。于是，她找了个机会把自己工作和生活中遇到的挫折、痛苦，以及现在身体健康状况给自己带来的困扰一一向老人倾诉。听完年轻女子的诉苦，老人并没有说什么，只是微笑地看着她。

年轻女子忍不住问道："大妈，您经受了那么多苦难和不幸，可是为什么看不出您有任何的悲伤呢？"

此时已是秋末，老太太指指窗外的一棵树问道："这是什么树？你看它的叶子像什么？"

年轻女子看了一会儿道："这应该是白杨吧？至于它叶子像什么，我还真说不上来。"

"嗯，是白杨，你看它的叶子像不像一颗心？"老人盯着窗外道，"或者说，这就是一颗心？"

年轻人定睛一看，还真是，被老人家这么一说，这片树叶的确是十分类似心脏的样子。

"你再看看叶子上面都有些什么。"

白杨紧挨着窗户，树枝更是要伸进窗子里来，所以年轻女子清楚地看到，树叶上面有许多大小不等的孔洞，就像叶子被扎了很多次似的。

过了一会儿，老太太道："这片树叶在春风中绽出，在阳光中长大，从冰雪消融、万物复苏，到寒冷而萧瑟的秋末，它走过了自己的一生。在这段时间里，它经历了虫咬石击，以至于千疮百孔，可是它并没有凋零。它之所以享尽天年，完全是因为对阳光、泥土、雨露充满了热爱，对自己的生命充满了热爱，相比之下，那些打击又算得了什么呢？"

老太太的话语沉重而舒缓，句句触动着年轻女子的心，她的心中仿佛有一扇窗被打开，所有的不快与阴霾都从这扇窗里飞出去，消失得不见踪影。

一年后，年轻女子出院了，凭着对美好生活的向往，她一直过得很好。后来，36岁那年她做了一个国外品牌的中国总代理，其间她也遇到了很多困难，就是老太太那番话，伴她一路闯过来的。

女生悄悄话

如何面对生活中的挫折和痛苦，是人一生中的一个重要课题。故事中的老太太和那片饱经风霜的白杨树叶无疑是我们最好的榜样，即使被生活百般刁难，即使遭受风吹雨打、虫咬石击，依然保持一颗乐观奋斗的心，这才是走出困境、走向成功的关键。

美丽的天堂鸟花

相传，很久很久以前天堂乐园里生活着一种鸟。说它是鸟，却没有翅膀，也没有双脚，它的羽色异常鲜艳美丽，而且从不会感到饥饿，偶尔渴了，也只摄取空气中的湿气。

也许是它长得太美丽遭了上帝的忌妒，让它一出生就没有了翅膀，所以，它只得张开它长长的饰羽，慢慢地飘浮在空中，像蒲公英的种子般随处飘荡，一生都得如此。渐渐的，它开始厌烦天堂安适祥和的生活，于是，趁着一群野鸟迁徙的机会脱逃到人间。

这一天，它来到一个开满各式各样美丽花朵的山谷，那里面住着一只漂亮的花蝴蝶。它大声地对蝴蝶说："多好啊！活在这么一个彩色的花丛里一定很幸福吧？"

"对你来说或许是这样子吧！"蝴蝶看了看它说，"如果你知道我是色盲，甚至连自己的模样都看不清时，也许你就不这样认为了！"

难道美好的事物总需带有缺憾？它忽然想起自己没有翅膀，不觉一阵悲哀。

它在一条河流旁看到一条鱼正在努力逆流游上瀑布。这个瀑布并不高，只要等待一个上升气流就可以轻松地漂到瀑布上，为什么还这样费力呢？它觉得很惊讶，便问道："为什么不用飞的呢？那样子轻松多了。"

鱼抬头看了看它道："我是不能飞的！但我并不气馁，因为我知道每种生物都有它们各自的生活方式及命运。我一生都在游水，正如同你终生都得飞翔！"

"每种生物都有自己的命运！"它喃喃念道，好让自己能记得这句话。忽然，它好像想起什么似的，问鱼："你有缺憾吗？"

"我无法分辨气味！"

它再次感到一阵悲哀。

它继续往前飞，路过一片森林。那是一片南方岛国的阔叶林，适值春天，有很多候鸟都在那里稍作休憩，其中一只筒鸟"布谷、布谷"地不停地叫着，宛如洞箫没吹好的声音。它觉得新奇，于是鼓起勇气上前搭讪："你为什么要这样唱歌呢？"

"因为我高兴啊！"筒鸟道。

"高兴？那你有什么缺憾吗？"

"当然有了！"筒鸟沮丧地道，"我不会筑巢！"

离开了森林，它开始沿着北回归线向西边漂浮。在漂浮了好久好久之后，它看到了一大片一望无际的沙漠。此时正有一条金黄色的蛇在沙地上自由穿行，于是它问道："你有什么缺憾吗？"

"怎么没有！"蛇无奈地道，"我始终无法体验一下感情是什么滋味！"

听蛇这么说，它顿时觉得蛇真可怜，可很快就想到了自己……渐渐地，"我要停下来栖息"的念头在它脑海中闪现，而且越来越强烈。带着这个愿望，它飘遍了群山，只为了寻找一颗能够充当它落脚石的美丽岩石。终于，它在一个人迹罕至的河边，找到了一颗嵌在大岩石上的蓝宝石，那浑然天成的蓝色让它想起天空与大海。

“我终于可以好好地睡一觉了！”它慢慢地落下去，落在蓝宝石上，开始进入深深的睡眠，谁也没想到这一睡就是整整七年。七年当中，它长出了翅膀，脚也有了，可是它依然不能飞，不能走，因为它完完全全地变成了一朵花，那身艳丽的羽毛也幻化成了美丽的花瓣，这就是人们常说的天堂鸟花。

这一天，它忍不住问自己：“你还有缺憾吗？”得到的回答是：“有的，我向往自由！”但很快心里便响起另外一个声音：“但没关系！美丽的事物始终有缺憾！接受它，克服它，我们才能找到真正的幸福。”

文生悄悄话

金无足赤，人无完人！每个人都少不了些许遗憾。但没关系！美丽的事物始终有缺憾！接受它，克服它，我们才能找到真正的幸福。而要得到真正的幸福，两件东西必不可少，一是平常的心态，二是一颗永远不会停止跳动的自由奋斗的心！

我的绰号叫青蛙

江艳是不折不扣的北方女孩，也有着北方女孩大大咧咧的性格，总能让人在第一次见面就记住她，喜欢上她，但绝对不是因为她长得漂亮，相反她的长相完全可以用“丑”来形容。她到底是个什么样的人呢？上高中的第一天，她是这样介绍自己的：“我叫江艳，腿有点短，嘴有点大，腮帮子鼓鼓，眼睛也有点凸凸，所以我有个绰号，那就是青蛙！”话音未落，全班同学便哄堂大笑起来！

一米五的身高，可以说是班上最矮的；相貌平平，甚至可以说得上丑，可这并没让江艳感到自卑，相反全班就属她活泼开朗，整天笑嘻嘻的，很有人缘。平时同学们都叫江艳“青蛙”，就是老师有时也叫，对此她从来不曾生气，总是一脸笑嘻嘻地应对，跟叫她江艳一样自然。

一次游泳课上，老师道：“青蛙，你先跳下去，像青蛙一样示范蛙式游泳给大家看！”

“老师这就是您的不是了，什么‘像青蛙一样’，俺根本就是一只青蛙！”江艳笑嘻嘻说完，“扑通”一声跃入泳池，为大家带来欢乐的同时，“青蛙”一样的泳姿也让同学们折服。

由于江艳性格开朗，大家都觉得与她在一起很轻松，什么话都可以说，从来不用担心。有一次班上调皮的女同学也开她玩笑：“青蛙呀，你这么小，白马王子能看到吗？”

“这个我想了，我不嫁给‘白马王子’，嫁给个‘癞蛤蟆’吧！我就在这等着，等那些癞蛤蟆吃不到‘天鹅肉’，回来要吃‘青蛙肉’；再说了青蛙和癞蛤蟆是一家，大家一起才比较快乐！”同学们一听，又是笑得东倒西歪。

高中三年苦读生活终于结束，江艳凭借勤奋刻苦的学习精神，以优异的成绩考上了重点大学的生物系，开始了同样勤奋刻苦的大学生活。

两年后，一个惊人的消息在江艳过去高中的同学中传开了：

“你知道吗，‘青蛙’已经找到‘癞蛤蟆’了！”

“啊？真的还是假的？‘青蛙’她长得那么可笑！”

“真的，骗你干吗！”

“是不是一个特‘癞’的‘癞蛤蟆’呀？”

“那你是大错特错了，我还听说那只特帅的‘癞蛤蟆’还是打败众多对手之后，才追到她的！”

她们说的一点不假，那只很帅的“癞蛤蟆”，是江艳的师兄，性格一直很忧郁，他很好奇，于是就问江艳：“为什么你始终都是面带微笑、快快乐乐的呢？”

“师兄，这你就不知道了吧？”江艳一脸调皮地道，“要怪就得怪师兄太优秀、太帅，所以，在师兄眼中，都是差的、丑的、烂的，所以师兄就觉得全世界都是坏的、不美好的！我呢？很差劲，长得又不好看，所以我眼中都是好的、美的，所以我就觉得全世界都是好的，都是美的！这就是我为什么一直不愿变美、变好的原因，因为我觉得快乐最重要！”

就是那次，江艳的师兄大受感动，一发而不可收拾地喜欢上了她，虽然追他的女孩不少，可他就是喜欢与这只快乐的“青蛙”在一起，因为每次跟这只并不美的“青蛙”相聚，都能让他感受到那种发自内心的喜悦和快乐。渐渐地，他也变得开朗起来。

文生悄悄话

人生最可怕的不是四肢残障，不是面容丑陋，不是身材矮小，也不是肥胖不堪，最可怕的是被这些缺憾打倒，失去了努力奋斗的勇气。我们无法左右我们的外表，但可以左右我们的心情，开朗、乐观、不怨天尤人，才是一个女孩美丽的重要因素。

用双手走路的女孩

有一位姓唐的心理学博士，他一直致力于鼓励青少年克服困难、积极向上，并为此出了不少书籍。

这一天，唐老师到一所中学去演讲，演讲结束前，他对下面的学生说：“有没有人愿意到台上来，把自己的梦想和大家分享？”第一个举手的是位女生，唐老师点头示意她上台来。这位女生个子很矮，还不到一米。噢，不，她不是个子矮，而是没有双脚，她是在用双手走路！当她慢慢地走出来时，唐老师惊呆了！

在全校师生的注视下，女孩一步一步“走”到台上。她接过唐老师递过来的麦克风，压抑着紧张，大声道：“我的梦想是，明年我能成功考上大学！虽然我的成绩还不够好，但我一定会继续加油的！”话音未落，礼堂中便爆发出雷鸣般的掌声！

唐老师很感动，自己从来没见过一个失去双脚、依靠双手走路的人能如此勇敢，他真想上去把女孩抱下台去，但是他没有，因为他清楚，女孩是不会接受的。

几天后，唐老师收到了一个电子邮件：“唐博士您好，不知您是否还记得我？那天您到我们学校演讲，我就是那个用手走路的女孩！我很喜欢您，看过您的所有著作，它们对我帮助很大……我住在一家孤儿院，有空来参观哦。”

过了一阵子，唐老师特意开车找到女孩所在的孤儿院。聊天中才得知，她十九年前被父母遗弃在孤儿院前，那时，她右脚残缺、左脚畸形，奄奄一息。后来，经过双脚截肢等四次手术，她保住了性命。虽然她没有双脚，但每天大家都能听到她的歌声。

“现在我什么事都自己来，洗澡、洗衣服、走楼梯、上下床铺……都靠自己！”在寝室里，女孩说着，迅速地爬上她睡觉的上铺。

她对唐老师说：“现在我不会太难过，我不会去想我没有脚，因为我还可以用手走路呀！其实我觉得上天很公平，我没有腿，却有一副好嗓子，他们都说我唱歌好听，我还想成为歌星或演说家呢！我今年十九岁了，一直住在孤儿院里，我不知道我的爸爸妈妈是谁。可是，这里的老师、保姆、其他院童，就跟我的爸妈和兄弟姐妹一样，我跟他们在一起很开心。上学时，同学会帮我拿书包，大家对我都很好！”

“你可以坐轮椅！”唐老师有些不知说什么好。

“老师也说过，有时户外教学我的速度较慢，我知道老师不是嫌弃我，是对我好。我不要，我要自己走，别人怎么看我都没关系，我的心正常就好！”

“我看你一直笑嘻嘻的，很开朗！”唐老师对她说。

“对啊，大家也都这样说，说我很乐观！我就是要乐观，这样心情才会快乐！”

“你想考大学，我想凭你的毅力，做什么都能成功！”

“考大学是我一直以来的梦想！”女孩谦虚地说，“我的成绩不是很好，还要继续加油！不管未来如何，我都不会怨天尤人，我要靠自己的双手活出自己！”

“你有没想过找到自己的亲生父母？对不起……”唐老师突然觉得自己不该问。

“没关系！”女孩笑了笑，“我知道，要找到我爸妈的概率很小，但只要我有信心、耐心和毅力，说不定我会找到。我决定要等待奇迹！”

回来的路上，唐老师的心一直不能平静，他觉得一直给别人讲课的自己，今天却听了一堂最精彩的课。

文生悄悄话

每个人的命运都掌握在自己手中，要扭转命运只能靠自己！能在逆境中力争上游、不屈不挠的人，都是令人敬佩的勇者！也只有这样的勇者才能是最后的胜利者，因为他们从不给自己在逆境中哀怨、颓丧的时间，有的只是一个念头，那就是我必须站起来，走下去。

第六辑　扮演好自己的角色

人们可以支配自己的命运，若我们受制于人，那错不在命运，而在我们自己。

——莎士比亚

演好自己的角色

有这么一个女孩，在她小时候生病到医院诊治，却因医疗事故致使她重度瘫痪——胸部以下失去知觉。在常人眼里，她的一生就算完了，一个整天与床为伍的人，对家庭、对社会还会有什么用呢！女孩也是这么想的，于是，她便从此开始了整天躺在床上看“闲书”的无聊生活。

这天，大夫来为她做针灸，看到了她看的书便道：“你既然能看这些闲书，为什么不自学，把落下的功课补上呢？难道别人怎么看你，你自己也这样看自己？你就这样认命了吗？要知道，这个世界上根本没有没用的人，有的只是那些不努力的人。”医生的话让女孩猛然警醒，开始后悔以前的行为，下决心要把浪费的时光找回来！

从此，女孩扔掉了所有的“闲书”，在病床上开始了自己的求学之路。每门课程结束，她都会让爸爸给自己考试，当成绩合格的时候，她才觉得松了口气，感到自己并没有离开校园。5 年的时间，女孩完成了所有初中、高中课程，完全能够参加高考了，却发现命运对一个重度残疾人的苛刻：自己当时的身体状况，根本不允许她用那么长时间去考试。

女孩为此苦恼过，可她并没有放弃，因为“做个有用的人”仍是她心中的最强音。于是，她便参加了英语自考辅导班。4 年时间，女孩居然在没有初、高中毕业证的情况下，获得了一个全国的英语专科自考毕业证。

之后，她又先后获得了自考的本科学历证和在职硕士进修班的毕业证。更令人惊讶的是，她居然还拿到了第四个学位证——博士证。后来，她到了一所大学去任教，凭借自己丰富的专业知识和独特的教学方法深受广大学生的爱戴与好评。

女生悄悄话

人生就是一场戏，但不同的是怎么演自己的角色由自己定！不要接受社会强加给你的角色，想要成为什么样的人，就努力去塑造，命运就藏在你心中，只要你不怕艰难险阻，不在乎别人的眼光，永远不停歇，你就能成为自己形象的决定者。

那是上天另有安排

有一个叫刘虹的女孩，漂亮、可爱，就是比别人多了两根手指。这一手一个多出来的手指，是她一出生就有的，当时父母也想过把它切掉，但是女孩的手与其他畸形不一样，那两根多出的手指跟其他手指一样灵活，好像一只手就该有六个手指一样，切除了手掌前方就会空出一块来，反而破坏了手掌的自然美，于是，父母决定顺其自然，不做修复手术。

刘虹刚刚懂事时就发现了这个不同，便问妈妈："为什么我的手与你们不同，多了两个手指呢？"

"因为天上的神仙喜爱你，才多给你两根手指，让你将来做许多别人做不到的事！"

"原来是这样啊！"刘虹听了妈妈的话，立刻高兴得跳起来，在心里不停地感谢着天上的神仙。

然而，上学以后，这曾经让刘虹引以为傲的手指，却成了她苦恼的根源。身为女孩，却没有女孩愿意与自己玩，看自己像看怪物一样；男生们更多的则是起哄，她想躲开，便有人学着孙悟空的腔调大声喊："妖怪，哪——里逃。"女孩越来越感到孤独寂寞，常常无助地哭泣。她开始怀疑妈妈的话，觉得天上的神仙并不真的喜欢自己，否则，就不会让别人这样嘲笑自己了。之后的一次语文课更是让女孩崩溃。老师让她朗读一篇作文，也就那么巧，里面偏偏有一句"那是一个伸手不见五指的夜晚……"当她读出这句话时，下面便有人小声道："应该是伸手不见六指吧！"顿时惹来同学们的哄堂大笑，那一刻眼泪不停地在她眼眶中打转，她真恨不得把那两根指头折断。

老师没有斥责起哄的同学，只是让女孩继续把那篇作文读完，之后道："想象作文的要领我们已经讲过，明天咱们观看一部科幻影片，以提高同学们的想象力！"第二天的作文课，老师果然给大家播放了一部科幻片，影片中有一个美丽的外星人，她有着超强的能力和善良的心，一次次地拯救了自己的星球。而那个外星人与刘虹一样，每只手上多了一根手指。

看完影片，老师道："同学们，一个人长成什么样子不是最重要的，关键看他有没有一颗善良美丽的心。刘虹同学尽管长着十二根手指，但是她那么善良、那么美丽，很可能就是电影中的外星人降临到咱们这个世界上呢！大家应该喜欢她、爱她，不应嘲笑她！"那一刻，教室里安静极了，同学们把目光投在她的身上。下课后，大家纷纷主动找她玩儿，之前那些不愉快一下都跑得无影无踪了。那一瞬间，她再次哭了，不同的是这次却是为幸福流泪。

后来她喜欢上了音乐，为此妈妈给她买了一架电子琴，她很快就能弹得行云流水般动听。再后来，她又开始学钢琴，自此她的优势也显现了出来。因为她每只手有六指，每个音域内的按键都能轻松触到，如此一来，那些复杂的需要很高技巧的曲子，她也能轻轻松松弹奏下来，而且极流畅，那些曲子仿佛就是专门为她定制的一样。

13 岁那年，刘虹在全省的少儿钢琴大赛中获冠军，琴键上灵活地跳跃着的十二根手指，震撼了全场所有的人。同年，她再次在全国少儿钢琴大赛上夺魁。曲终，她高高举起双手，让带给她幸福的双手尽情享受那如潮的掌声。面对记者，她毫无避讳地伸出双手，说："妈妈曾对我说过，因为喜欢我，天上神仙才给了我十二根手指，我要用这十二根手指弹奏出最美的音乐，送给所有喜欢我的人！"

文生悄悄话

缺陷不是错，更不是我们自己的错，那是上天另有安排，因为上天是公平的，给了你缺陷的同时，也给了你另一条特殊的路径。只要你心中充满希望，用心去寻找，就一定能找到，那未必是芬芳的花道，却可能是一路绿荫。

使生命余味更悠长

有个女孩叫杜玉玲，因患癌症，初中毕业后被迫辍学。出院后遵照医嘱，她隔三个月就去化疗一次，两年后身体状况有所好转。在此期间，她在一家饭馆做了服务员，每月 400 元钱。

经过此劫，杜玉玲对生命的领悟更为深刻，决定珍惜生命中的每一天，于是，工作之余，她又一次把丢掉的书本捡了起来。可她发现，长期的化疗使自己的记忆力比以前差了很多，以前看一遍就能记住的内容，现在好几遍都记不住，有时候，她急得不停地拍打自己的脑袋。

一年后，杜玉玲换到某房地产公司做文员。同事大多是大专院校毕业生，强烈的紧迫感让她更加努力起来。除了平时更加抓紧时间自学外，杜玉玲把眼光盯向了电脑。对于杜玉玲这个只断断续续自学过高中课程的初中毕业生来说，学电脑并非易事。当她拿起厚厚的教材时，一点也看不明白。只得在心里给自己打气：

杜玉玲啊，你把癌症都战胜了，难道这些困难比癌症还可怕吗?渐渐地，她摸出了门道。为了能学到新的工作技能，她报名参加了电脑培训班，然而，学费和上机费对她来说都是一笔很大的开支，为了工作她宁愿省吃俭用。

半年后，杜玉玲成了当时单位里唯一能够熟练操作电脑的员工。她的月工资因此升到了1200元。每当看到自己灵巧的双手在键盘上上下翻飞，一个个字从屏幕上闪现，杜玉玲心里就有种情不自禁的自豪感。

然而，杜玉玲并没有因此满足，先是专科，接着是本科，就这样她像是上足了发条的闹钟，不知疲倦地一直走着。在此期间，她从一般的文员做到办公室副主任，工资也从1200，到了2500，又到了3500，并且已逐步还清了债务。更让她高兴的是，一次累倒进了医院，经检查发现不但不是旧病复发，医生还告诉她她身上的癌细胞基本没有了。

有一天，公司老总告诉好学的杜玉玲，英国威尔士大学和南方科技大学正在联合招收在职的工商管理MBA，公司正缺少高素质的管理人才，准备让她去报名。

MBA？这和自己的水平隔得太遥远了！但喜欢挑战人生的杜玉玲又不由得动了心。然而报名时，她才发现每年5万元的学费对她来说太高了。杜玉玲不甘心就这样放弃机会，她找到公司领导协商，领导知道她的困难后，对她的这种永无止境的追求很欣赏，答应帮她解决一部分学费，但前提是杜玉玲学成后必须回公司。就这样，杜玉玲边工作边开始了MBA的课程学习。

两年后，杜玉玲完成了MBA的全部课程，并于2003年6月通过了毕业论文答辩。回公司后，她被提为部门经理，年薪10万元。

关起门后，这个历经苦难从未哭过的杜玉玲哭了，而这是激动的泪水。

女生悄悄话

一个人只要有坚定的信念、重新起程的勇气，就永远不会被挫折所击垮，

不论身处什么样的困境，只要不轻易放弃执着的梦想与追求，总能点燃希望之火。

我想打破这个记录

有个女孩叫派蒂·威尔森，幼年就被诊断出癫痫病，不能像正常小朋友一样玩耍，因为她的癫痫随时都有发病的可能。

派蒂的父亲吉姆·威尔森有晨跑的习惯，派蒂觉得有趣就对父亲说："爸爸，我也想跟你一起跑步，可是我担心中途会发病。"

父亲道："没事，万一你发作，我也知道如何处理。"

第二天，十几岁的派蒂开始与父亲一起晨跑，一早上下来一次也没发作，小派蒂心里别提多高兴了。从此，派蒂与跑步结下了不解之缘，而跑步也成了她一天中最快乐的时光。

一个多月后的一天，派蒂问父亲："女子长距离跑步的世界纪录是多少？"父亲查了告诉她："是 80 英里。"

"我想打破这个记录，能行吗？"

"一定能行！"

于是，当时读高一的派蒂为自己订下了一个长远的目标："今年我要从橘县跑到旧金山 (400 英里)；高二时，要到达俄勒冈州的波特兰 (1500 多英里)；高三时的目标在圣路易市 (约 2000 英里)；高四则要向白宫前进 (约 3000 英里)。"

尽管派蒂的身体状况不同于常人，但她依然满怀热情。对她来说，癫痫只不过是偶尔给自己找点小麻烦而已。自己绝不会因为这个而消极不前，相反的，她更珍惜自己已经拥有的一切，而这一切皆因她的内心一直亮着一盏信念的明灯。

高一时，派蒂向自己的第一个目标——旧金山进发，她所穿的衬衫上，赫然写着"我爱癫痫"的字样。父亲陪她跑完了全程，做护士的母亲则开着旅行拖车尾随其后，照料父女两人。

高二时，派蒂身后的支持者换成了她的同学。大家拿着写有“派蒂，跑啊！”的巨幅海报为她加油打气。在这段前往波特兰的路上，派蒂的脚踝扭伤了。医生劝告她立刻中止跑步，说：“你的脚踝必须上石膏，否则会造成永久的伤害。”

“医生，你不了解！”派蒂道，“跑步不是我一时兴起，它是我一辈子的至爱。我跑步不单是为了自己，更是要向所有人证明，身有残缺的人照样能跑马拉松。有什么方法能让我跑完这段路？”

“用黏合剂先将受损处接合，这样可以不用上石膏，但是会起水泡，到时会很疼痛。”

“就这样！”派蒂毫不犹豫便答应了。

派蒂终于来到波特兰，俄勒冈州州长还陪她跑完最后一英里。而终点早有一面写着“超级长跑女将，派蒂·威尔森在17岁生日这天创造了辉煌的纪录”的红字横幅在等着她了。

高中的最后一年，派蒂花了4个月的时间，由西岸长征到东岸，最后抵达华盛顿，并接受总统召见。她告诉总统：“我想让其他人知道，癫痫患者与一般人没什么两样，也能过正常的生活。”

文生悄悄话

坚强的意志是成功的起点，是托起未来大厦的坚强支柱。人生的大道上荆棘丛生，唯有信念和忍耐能开辟出康庄大道，相反，累了就歇在路边的人是永远不会得到胜利的。正如伟大诗人泰戈尔所说：“信念是鸟，它在黎明仍然黑暗之际，感觉到了光明，唱出了歌。”

发挥自己的作用

女孩珍妮有一把漂亮的小伞，淡蓝色的伞面上散落着黄色的小花，撑起来犹如一朵绽放在雨中的花朵。珍妮特别喜欢这把伞，为了保护它，免得伞变旧，珍妮把伞收藏进了自己的抽屉，不让它受到烈日晒、大雨淋。而珍妮每天放学回家，总要打开抽屉，将小伞拿出来撑开，看一看，摸一摸，然后又将它收好藏起。

就这样，过了一天又一天、一月又一月，那把漂亮的小伞从来没有离开过珍妮的房间，一直保存得像新的一样。这一切被小花猫看在了眼里。

一天，珍妮又收好小伞，背起书包出了门，小花猫飞快地来到抽屉前，嘲笑小伞道："我看你啊，真是一点用处也没有，天天只能待在家里让人把玩儿、观看。你看看我，过得多有意义啊，不仅主人喜欢我，宠爱我，而且我还可以逮老鼠，日子过得幸福而充实。"

小伞显然很难过，委屈地对小花猫说："你以为我愿意这样生活吗？我也想做自己该做的事情啊！可是主人非让我藏在这里，什么也不让我做。"

傍晚时，珍妮放学回了家，又飞快地跑进房间，将伞撑开欣赏。这时伞实在忍受不下去了，就抓住机会对珍妮说："你如此照顾我、珍惜我，我感到很高兴，也很感激，但是，我并不想过这种养尊处优的生活，因为我是一把伞，就应该发挥自己的作用，否则就是荒废时光！"

珍妮解释说："这都是因为我喜欢你啊，生怕你受到伤害，才这样做的！"

小伞真诚地说："我很感谢你对我的厚爱，可是这样让我觉得自己一无是处，毫无价值，我真的很想像小花猫那样，生活得有意义呀！"

珍妮低头想了好久，觉得小伞的话很有道理，于是决定每天将伞带在身边，热了用它遮挡太阳，下雨天用它为自己遮雨，下雪天用它为自己挡寒。

小伞终于走出了珍妮的房间，发挥着自己的功效，绽放出自己的光彩。

文生悄悄话

是把伞，就应该遮阳挡雨；是棵树，就应该迎风而立；是朵花，就应该飘香悦目……世界万物都有自己的作用与价值，都应该发挥自己的作用，这样才有自己活着的意义。所以我们要扮演好自己的角色，经受住生活的考验，而不能做一把走不出房间的小伞。

用心跳舞的舞者

从前，印度有个著名的舞蹈家叫苏莎，在事业的最高峰，一场突如其来的车祸夺去了她的右腿。对于一个以舞蹈为职业、一个靠腿吃饭的人来说，腿无疑就是她的一切，没有了一条腿，就等于给她的事业宣判了死刑，给她的人生永远蒙上了一层灰暗。然而，苏莎偏偏是个例外。

这是因为她不轻言放弃，一直努力寻找重回舞台的机会。几个月的寻找，终于让苏莎遇到了一位半生都致力于假肢技术改进的医生。于是，他用硫化橡胶内填充海绵的新的方法，为苏莎量身定做了一只新型假肢。装上假肢后，尽管走路都疼得钻心，可是苏莎重返舞台的愿望却愈加的强烈，因为她看到了希望。

为重返舞台这个梦想，苏莎开始了艰苦的尝试，尽管这个过程是辛苦的，充满了泪水、汗水甚至是血水，可是她坚信只要自己不放弃，梦想就一定能够实现。从学习平衡到弯曲，从伸展到行走，从转身到旋转……一直到再次翩翩起舞，苏莎成功了。

恢复后的第一次公开演出，苏莎心里很是忐忑，一下来她就问父亲演出效果如何，父亲告诉她：“你还有很长一段路要走。”

“你还有很长一段路要走。”这句话整整陪伴了苏莎两年。两年后的孟买，她终于实现了历史性的恢复，在那次演出中，苏莎以令人不可思议的舞姿征服所有的观众，知道她经历的观众当场为她的不易流下了热泪。

演出结束后，苏莎又一次习惯性地向父亲征询意见，不同的是，这次父亲没说一句话，只是充满慈祥地抚摸着她的假肢，眼里全是爱的泪。也正是这次演出的成功，让苏莎再次夺回了原本属于她的舞蹈皇后宝座。

苏莎的成功无疑是一个奇迹，极大地鼓舞了当地的人们，特别是有类似经历而无法走出阴影的人，让他们重新看到了生活的希望。“这样近乎不可能的事情，她是如何做到的呢？”之后，经常有人这么问苏莎，她的回答总很平淡，也很简单：“我时常告诉自己，最好的舞者用的是心而非脚。”

文生悄悄话

月有阴晴圆缺，人有旦夕祸福。没有谁的一生是一帆风顺的，不论遇到了什么样的困难，甚至是不幸，也不能失去希望，否则，你只能终身生活在阴影之中，与痛苦为伴。人生道路上本就是个奇迹发生的地方，只要你选择了坚强，下一个创造奇迹的人一定是你。

跌倒了再爬起来

在美国有个女孩，在她一岁零七个月的时候患急性胃充血、脑充血，病虽然治好，可是她却因此失去视力和听力。

我们都知道，聋哑人除了先天，多是因耳聋所致，女孩也不例外，因为听不到声音，让她成了聋哑人，比一般聋哑人还不幸的是女孩还看不到东西。后来，她上了专门为残疾人开设的学校，在家庭教师的帮助之下，女孩用顽强的毅力克服了生理缺陷，终于开口说了第一个字。这让她惊喜若狂，于是，她迷恋上了这种感觉，开始疯狂地学习练习起来。

因为眼睛看不见，女孩没法记笔记，只能把所“听”到的东西全装进脑子，带回家，再倒出来细细品味，然后成为永久的记忆。因为条件异于常人，所以她做练习和每天的短篇作文、评论、小测验、期中考试及期末考试等，所有这一切都不得不通过打字来完成。后来，她开始学习拉丁文，为了方便记忆还自行设计了一套能说明诗的格律和音韵的符号，并详细地解释给老师听，而这套符号也方便了许多其他同样的孩子。

残疾学校已无法满足女孩的渴望，于是她进了正常学校，可是所学习的各种教材很少是盲文本的，所以她不得不请别人将内容拼写在她的手中，如此一来要比别人慢得多，往往一点儿小事情就要付出很大的心血，几个章节她就得花费好几个小时，以至于她还没预习完一篇课文，别的同学都到外面唱歌、跳舞、玩耍了，这不免令她难以忍受而急躁起来。但她很快又正视了现实而平静下来。每次跌倒，大发脾气时，她都会对自己说：“人生的道路没有捷径，要想得到真才实学，就必须面对各种挑战。”于是，她很快又制服自己的脾气，继续跋涉。无数次的跌倒和爬起，使女孩的心越来越坚毅，渐渐地她的心里有了更广阔的世界。她不断告诫自己：每次斗争都是一次胜利，再努把力，就能抵达希望的顶峰了。

之后，女孩报考美国哈佛大学，哈佛大学拉德克利夫女子学院以特殊方式安排了她的入学考试。她用手在凸起的盲文上熟练地摸索，然后用打字机回答问题。前后 9 个小时，她以英文和德文 A 的成绩通过了各科考试，从此开始了她的大学生活。

毕业之后，她一直致力于教育与写作，写出了很多优秀的作品。就连挑剔的马克·吐温也给她很高的评价，还跟她建立了真挚友谊。

一天，女孩去演讲，临上台表演之前两小时才得知母亲去世了。当时，女孩似乎感觉到自己也要死了，她身上的每一寸肌肉都想痛哭出声，她却依然完成了自己的演讲，以至于没有一个观众知道她刚得到如此不幸的消息。有人问她：“你幸福吗？”她听了这个问题，眼泪几乎夺眶而出，可还是强忍住了。她尽量平静地回答："是的！我很幸福。"

她就是美国著名的女作家和教育家——海伦·凯勒。

文生悄悄话

幸福在哪里？它不在高山，也不在遥远的彼岸，它时时刻刻围绕在我们身旁，你伸手去抓了，它就会跑进你的心里。真正的幸福不是别人给予而是自己争取的，虽然身处逆境之中，但只要保持对生活的热情并坚持不懈地努力，就一定能感受到生活的温暖和光明。

美丽的金枪鱼

杜图瓦有一双修长而美丽的腿，她的老师曾对她说："杜图瓦，你的腿如此漂亮，我觉得你将来一定能成为一名出色的芭蕾舞演员。"然而，杜图瓦从小就喜欢游泳，她对老师说："老师，我不想成为芭蕾舞演员， 我喜欢游泳，每当处于水中的时候，我就觉得自己是一只自由而快乐的金枪鱼。所以我想成为一名出色的游泳运动员，参加奥运会，拿金牌。"

听着杜图瓦掷地有声的话语，老师欣慰地点了点头。

从十四岁起，杜图瓦就开始参加各种游泳比赛了，甚至会参加国际性比赛，几年来，获得了不少鲜花和掌声。年轻的杜图瓦犹如一颗冉冉升起的新星，闪烁着耀眼的光彩，奥运会的大门也正在为她缓缓开启，她的金牌梦也正离她越来越近。

然而，正当杜图瓦徐徐闪亮之时，17 岁那年却遭遇了一场突如其来的车祸，这场车祸夺走了她的左腿。杜图瓦再也无法正常地行走了，这样的她哪里还有什么金牌梦呢？

杜图瓦的世界瞬间崩塌了，家人和朋友纷纷劝她："杜图瓦，别太伤心了，不能游泳，可是你还可以做很多有意义的事情。"

然而，杜图瓦是好强的，执着的，经过一番思想斗争后，她依然不愿就此放弃自己的梦想。她擦干眼泪，坚定地对亲人说："不，我不会放弃我的游泳梦的，我虽然没有了左腿，但我还有右腿，谁规定只有一条腿的人就不能游泳了？虽然只有一条腿，我相信我照样可以实现我的梦想。"

打定主意后，伤口一愈合，杜图瓦就投入到了艰苦的训练之中。游泳训练本就非常辛苦，何况是一个只有一条右腿的小姑娘呢？杜图瓦所付出的努力可想而知。终于，功夫不负有心人，2008年5月，在公开水域世锦赛女子十公里比赛中，美丽自信的杜图瓦犹如一条金枪鱼一样游向了终点，一举夺得了第四名。凭借着这一成绩，她如愿以偿地叩开了北京奥运会的大门。

女生悄悄话

生活中谁都会遇到挫折、困难，不要害怕，只要我们对生活充满热情，就能够感受到生活的美好。生活从来不是弱者叹息的地方，而是强者绽放美丽的舞台。

最终的得分

传说，有一天上帝创造了三个人，打算让他们去人间生活。

上帝问第一个人："你准备到人间怎么度过自己的一生呢？"第一个人略作思考后，回答道："我要充分利用自己的生命去创造。"

上帝又问第二个人："你到了人间后，打算怎么度过自己的一生呢？"第二个人深思了一会儿，回答道："到人间后，我要充分利用时间去享受。"

上帝转向第三个人问道："到人世间后，你准备怎么度过自己的一生呢？"第三个人思索良久，然后回答道："我既要利用生命去创造，又要充分地享受人生。”

听完三个人的回答后，上帝给第一个人打了五十分，给第二个人打了五十分，给第三个人打了一百分，上帝认为，第三个人才是最完整的人。

然后，三个人就来到了人间。第一个人到来后，表现出非同一般的奉献感和拯救感，他帮助许许多多的人，做出很多贡献。对自己帮助过的人，他不求回报。他为真理而努力奋斗，即使遭受很多误解也没有一点怨言。随着时间的流逝，这个人成了一位德高望重的人，他的善行在人世间广为传颂，人们都记住了他的名字，并由衷地敬佩他的为人。当这个人离开人间的时候，所有的人都极为不舍，纷纷从四面八方奔来为他送行。直到很多年后，人们还都记着他，怀念着他。

第二个人来到人间后，表现出非同一般的占有欲和破坏欲。他做事不择手段，只为满足自己的私欲。就这样，他慢慢拥有了自己的财富，生活极度奢侈，挥金如土，穷奢极欲。后来，这个人因为作恶多端而受到了惩治。当正义将他逐出人间的时候，人们都拍手叫好，纷纷鄙视他，唾弃他。直到很多年后，人们还在痛恨着他。

第三个人来到人世间后，丝毫没有特别的表现。他像所有人一样，建立了自己的家庭，创立了自己的事业，过着忙碌而充实的生活，没有人过多地注意到他，他一直默默无闻地过着自己的生活，很多年后，没有人记着他的存在。

人类给第二个人打了零分，给第三个人打了五十分，给第一个人打了一百分。这是这三个人的最终得分。

女生悄悄话

一个人如果没有理想的牵引，就如同在大海中没有舵的帆船，只能在暴风雨中飘荡而不知航向，无论怎么努力前行，也无法到达彼岸，甚至会船破舟沉。所以，我们必须拥有自己的理想，努力奋斗，做最好的自己。

没有时间去伤心

两间屋子，四周用木板钉成，上面盖着薄薄的石棉瓦片，瓦片上用砖块压着，防止屋顶因大风掀落，这就是曾艳的家。

曾艳的父亲原来是做砂模的工人，曾经也有一个别人所说的避风港，可后来父亲因为患了严重的肺病，避风港卖给了别人，一家也就搬进了现在这一所违章建筑。父亲的病并没有因为让出避风港而彻底治好，而是稍微有些好转就出院了。

如此简陋的屋子显然是无法抵挡风雨的，每逢下雨、大风天，屋子就像要被砸塌、刮跑似的。为了安全起见，曾艳一家人就必须跟着邻居一起到附近的小学避难，可是，她父亲因病不便于行走，只能担当守家的重任。这样的夜晚，父亲因担心房子睡不着，曾艳与母亲则因挂念父亲的安危而无眠。曾艳一家人总是隔天一早便赶紧冲回家，见到父亲还安好才算松一口气，可是看到饱受风雨折磨的父亲，又不免心酸不已。

然而，老天并没有因为一家人的苦难而对其稍加仁慈，该刮大风时刮大风，该下大雨时还下大雨，而且在曾艳上四年级的那年，夺走了父亲的生命。父亲虽然身体不好，可是有他在家里无疑就有了主心骨，父亲刚去世的时候家里像天塌了一样，好在曾艳有个坚强的母亲，快速从悲伤中走出，撑起了这个家。

母亲给人做裁缝每天赚不来几个钱，曾艳从小就懂事，为了贴补家用，曾经卖过冰棍、橘子和其他各式各样的小东西；母亲做裁缝时她也会在一旁帮忙，以分担母亲的辛劳。就是在这么艰苦的环境中，曾艳从没有因为家里的贫穷而埋怨，更没有为此自卑过，她从小就要求自己，不能为别人制造麻烦，何况是自己的母亲，所以，她一直尽自己的最大能力，为这个家努力着。

对于一个有梦想的人来说艰苦的环境无疑是追梦路上的大障碍，曾艳已经输了在人生的起跑线上，但这并没让她停止对梦想的追求。在附近的孩童多半小学毕业就不再继续升学的大环境中，曾艳凭着自己的超强毅力，靠半工半读，不但上完了小学、中学，还完成大学学业，拿到了硕士学位。

毕业后，曾艳进入一家公司，她丝毫没有遇到一般人刚进入新环境的不适应，总能以乐观的心态面对所遇到的一切困难，尽力把工作做到最好，并很快成了公司的骨干。“伤心不要超过五分钟，挫折不要过夜。”这是写在曾艳心里的一句话，所以，她总能以积极乐观影响周围的同事，同事遭遇挫折时，喜欢找曾艳诉苦。有时候同事会忍不住问她：“为什么会这么乐观？”曾艳总是笑着道：“小时候，那么大的困难都过来了，还有什么熬不过去的呢！”

女生悄悄话

美好的生活来自逆境中的挣扎、磨炼。接受苦难，从苦难的胆汁中萃取人生的智慧，利用苦难，从苦难的熔炉中锻造不屈的个性，才是一个大智大勇之人，才能是生活的强者！

心中有个绚丽世界

在美国，有一本自传体小说《我想看》，一经发行便轰动了整个美国。小说的作者名叫波基尔·连尔，一位因这本小说而出名的女教授。人们只知道她写了如此畅销的名著，可是有谁知道，她 50 年间却形同盲人。

捷因巴雷，明尼苏达州一个不起眼的小乡村，这就是波基尔·连尔的家乡，这里不但留下了她美好的童年回忆，也承载了她太多的不幸。那是在连尔很小的时候，一次与小伙伴们玩耍意外摔倒，眼睛摔成重伤，虽经多方诊治还是没能恢复，除了左眼角一点小缝还能视物外，双眼几乎完全失明。

平时看书，也必须把书拿近，并紧缩眼睛的肌肉，使眼球尽量靠近左边，近得睫毛常常碰到书本。就算是看书这样平常的事都不方便，然而在小连尔心里一切都比不上学习知识给她带来的快乐重要，所以，她非常用功，成绩也一直名列前茅，父母都很为之自豪。每当看到小伙伴羡慕她成绩单的表情，连尔心中便充满了靠自己努力取得进步的快乐。

尽管连尔的视力不好，可是她从不自卑，还是照样同小伙伴一起快乐玩耍，小伙伴们也从来没嫌弃过她。在连尔的家乡有一种游戏叫跳房子，她经常与附近的孩子一起玩。由于她看不见记号，于是，每次开始之前她就会努力把自己游玩的角角落落都记清楚。因为连尔把一切都装进了脑子，所以，就算是赛跑，她也不会输给别人。正是凭着这样的韧劲儿，后来连尔考上了大学，并获得了明尼苏达大学及哥伦比亚大学的两个文学硕士学位。参加工作后凭借她的努力，她又成为奥加斯达卡雷基大学的新闻学和文学教授。

在世人眼里，能取得此荣耀足以骄傲了，何况她还是一个近乎失明的女性。然而连尔并没有因此而满足，除了教书外，她还在妇女俱乐部讲授各种书籍及作者的生平，并客串电台的谈话节目。更为重要的是，她完成了长篇自传小说《我想看》，以此来激励那些与自己有类似命运的人重拾希望。

在谈到自己的成功时，连尔这样写道："在我心里不断地潜伏着是否会变成全盲的恐惧，但我始终以一种苦中作乐的勇气来面对生活，因为，我已经是个不幸的女人了，我不能给自己再增加不幸。"

苦心人天不负，终于，在连尔 52 岁时，现代医术有所突破，让她重新看到了这个绚丽多彩的世界。

女生悄悄话

波基尔·连尔，一个重度残疾的人，就是这样不断在自己的生命天平上增加快乐的砝码，让快乐不断向自己倾斜，从而让其充满自己整个生命。女孩们，人生就是一个出现困难、解决困难的过程，只要我们有进取心，不怕苦，不退缩，我们的未来一定是绚丽多彩的。

使生活更完美

罗宾是一位好强的女子，拥有幸福的家庭和两个可爱的孩子；有着不错的工作，在加拿大温哥华的一家金融机构担任要职。即使如此，她仍然感觉自己的生活并不完美，似乎失去了什么。

罗宾从小就喜欢跳舞，梦想着当一名舞蹈家。她从 16 岁起开始上舞蹈课，并坚持不断地学习舞蹈知识，但她始终没有显示出在舞蹈方面要成功所必备的才能，反而在商务方面显示出非凡的才华。尽管如此，罗宾始终没有放弃在一个完整的舞剧中进行创作和表演的梦想。她一直认为自己之所以在舞蹈方面没有成功，是因为自己没有时间、能力和奖金的缘故。

有一次，罗宾在洗漱时，无意中看到了镜子中的自己，顿时大吃一惊：自己只有 32 岁，可是看上去却像个老太太，这样的自己哪里还能在舞台上跳舞呢？自己的梦想怎么才能实现呢？罗宾只看得心里一阵发寒，当即决定要继续追求自己的梦想，马上去练习舞蹈，搞一次表演，就算是有人笑话她，就算是一个人在空荡荡的剧场跳舞，也要将自己的梦想变成现实。说做就做，罗宾马上拦了一辆出租车，怀着无比坚定的决心返回了舞蹈练习中心。

罗宾继续练习跳舞后没几天，一个朋友给了她一篇关于安德韦·梅伊斯的报道。安德韦是一个来自洛杉矶的舞蹈动作设计师和表演家，将开训练班进行授课。罗宾想了好久，最终鼓起勇气给安德韦打了电话。后来，他们见了面，而且谈得很投机，商定共同努力，以实现罗宾的梦想。

于是，罗宾和安德韦利用空闲时间，共同编写了一个剧本《不要打破玻璃》，这是一个关于一位妇女在舞台上和生活中屡屡妥协的音乐喜剧。他们编排了每个舞蹈段落，然后自己担任主角，并安排了很多演员和舞蹈家扮演其他角色。几个月后，这个音乐喜剧在温哥华上演了，而且一举取得了成功。

后来，罗宾一直从事着自己的两个职业：一个是自己公司的总裁，一个是舞蹈演员。作为总裁，她是一位深受欢迎的企业顾问和发言人；作为舞蹈演员，只要有空，她就亲自创作、演出，先后演出了四部舞剧，而且还获得了很大的好评，成为一个音乐剧的“发烧友”。

女生悄悄话

理想犹如一盏明灯，为你照亮前行的道路，为你指明奋斗的方向。女孩只有努力追求理想，才能使生活更加和谐完美；女孩只有不懈努力，不轻易放弃，才能使自己变得更加优秀，成就更好的自己。

美丽不在身高

爱玛是一个胖胖的女孩，身高不到一米六，体重却达到了66公斤。这样的身材让爱玛很有几分自卑，总想用别的办法来掩饰自己的不足，以引起男生的青睐。

有一次，学校要举办一场舞会，这样的场合对任何一个女孩子都具有极大的吸引力，爱玛也不例外。爱玛担心自己的身材不好，在舞场上没有吸引力，得不到男生的邀请，于是就去买了一对当时最为时髦的假钻石耳环。她天天戴着这副耳环，甚至在练习交谊舞的时候也不愿摘下来，以至于戴耳环的耳朵发了炎，疼痛难忍之下只得贴上膏药。

终于到了舞会那一天，爱玛早早来到舞场，可是一直没有男生走过来邀请她跳舞。爱玛很扫兴，更多的是沮丧。她在舞场坐了好几个小时，直到舞会结束，也没有受到一次邀约，爱玛觉得自己很失败。回到家后，为了不让父母看出自己的失落，她告诉父母说自己玩得很高兴，跳舞跳得脚都疼了。父母听到女儿在舞会上表现得很出色，都十分高兴。可是当爱玛回到自己的卧室后，就撕下贴在耳朵上的膏药，躲在被子里伤心地哭了起来。她一直在想，那些男生一定都在笑话自己，嘲笑自己整个舞会也没有一个人邀请。越想，爱玛心里越难受，整整一夜都没睡好。

第二天，班里的一个男生看到爱玛就问："爱玛，昨晚舞会上，你身体不舒服吗？现在好了吗？"

爱玛很纳闷，说："我身体没有不舒服啊，你为什么这样问？"

那个男生说："想跳舞的女孩都站在灯光明亮的地方，而你却一直坐在光线很暗的角落里，我们男生就以为你身体不舒服，所以也没敢去邀请你跳舞！"

"啊，原来是这样！"爱玛大吃一惊。她终于明白了，男生并没有在意她的身材，她在自己耳朵上花费的心思也没有起到任何作用，因为男生们一直没有注意她的耳饰。爱玛终于意识到，平时都是自己多虑了。从那以后，爱玛再也不为自己的身材烦恼了，变得开朗自信起来。

女生悄悄话

一个人的美丽，并不只在外表，任何漂亮的外表都会随着年龄的增长而失去光彩，在我们所拥有的东西当中，唯一不变的只有自信，只有自信的女孩才能永远美丽。所以我们切不可以貌取人，因貌而烦恼，只有自信地做自己，才能生活得无忧无虑，从容快乐。

你的价值一直都在

某大学邀请一位著名企业的总裁为学生们讲授其成功的经验。

总裁讲得很精彩，学生们听得津津有味，在讲座即将结束的时候，那位总裁发表了总结性的演说，最后，他突然站起来，从口袋里拿出一张一百美元的钞票，高高地举起来问在座的听众："你们哪个想要这张钞票？"

大家全都高声大喊："我要！我要！"是啊，钞票，谁不想要呢？

看着热烈的场面，总裁笑了笑，然后将手中的钞票揉成一团，又问："你们还有谁想要它吗？"大家仍然高呼："我要！我要！"所有人还是想得到那一百美元。

总裁又将钞票丢到地上，然后用脚狠狠地踩了几下，又大声询问听众："大家谁还想要？"现场的听众并没有因为总裁一系列的举动而放弃，仍然喊着："我要！我要！"

总裁又拾起那张脏得不成样子的钞票，哧拉一声把它撕成了两半，又问谁还要它，可是所有人依然喊着想要。

这时，总裁问："为什么大家都想要呢？你们看，它都成这个样子了。"

有个同学站起来，说："虽然它被揉成了团，还被踩得脏兮兮的，最后还被撕成了两半，可是它仍然是钞票，价值 100 美元，它的价值一点也没有贬损。"

总裁听了，赞许地点了点头，说："是的，不论你怎么对待它，它仍然是一张价值一百美元的钞票，它没有贬值。其实，我们在座的每一位都好像这张钞票。你们马上就要进入社会，你们自然不可避免地会遭受到失败和挫折，或许被人踩几脚，或许被人丢弃，或许被人批判，但是，无论你遇到什么样的磨难，或者遭受到怎样严重的挫折，你还是你，千万不要觉得自己不行了，没有本事了，然后就丧失了前进的勇气。要记住，无论什么时候，你都不会贬值，你还可以从头再来。”

全场爆发出雷鸣般的掌声。

文生悄悄话

假如你觉得自己不值钱，那么，你在别人眼中就会真的不值钱；你如果觉得自己是无价之宝，那么别人就会更加重视你。千万不要自我贬低，你就是你，要想成为人生的胜利者，首先要成为生活的强者。这时，千万不要觉得自己一文不值。

最美的冲刺姿势

金恩星，韩国人，现代女子五项运动员。

奥运会可以说是运动员的最高荣誉殿堂，参加奥运会并在会上夺得冠军，是每个运动员的终极梦想。为了这个梦想金恩星一直努力准备着。

2011 年 5 月 19 日，金恩星参加了 2012 年奥运会现代五项资格赛。一路过关斩将，她终于站在了女子个人决赛的起跑线上，向自己的梦想发起了冲击。起跑后，金恩星一路领先，眼看就要到终点时候，意外发生了，金恩星一个趔趄倒在地……

我们平时都摔倒过，都知道那种滋味，何况是这种疾速运动中摔倒，那撞击力可想而知。尽管是草地，还是把金恩星摔得眼冒金星，更为要命的是，她的左脚踝扭了，右侧的股关节受了重伤，而且右手也脱臼了。看着一个又一个运动员后来居上，金恩星试图站起来，可是都失败了。此时，离终点仅有 5 米，而这短短的 5 米，对于金恩星来说却是那么的遥不可及。

时间一点点过去，经过多次尝试的金恩星心里清楚，自己已经无法站立起来跑完全程了，就这样放弃？不！那不是一个运动员应该做的！然而，自己确实站不起来了，怎么办？“爬，就是爬我也要爬到终点！”金恩星咬紧牙关，开始向前挪动身体。此时的她能用力的，仅剩下一只左臂了。

会恩星用单臂支撑着受伤的身体，一点点向前移，豆大的汗珠从脸上掉落下来。伤情太重了，她每动一下，身体受伤的部位就钻心的疼，连脸上的肌肉都开始痉挛起来，爬不到半米，便痛得眼前发黑，几欲晕倒。

“孩子，放弃吧！”赛道外教练几乎都要冲进来了。

“姑娘，放弃吧，你已经做得足够好了！”裁判大声道。

“不能再动了，你必须马上接受治疗！”医生跑过来，用几乎是命令的语气一再说。

可是，金恩星都拒绝了，她抬头看了看观众席上一面又一面的韩国国旗，用尽力气说出来三个字：“我没事！”没有人听见她说什么，可是所有人都知道她说了什么，整个运动场变得鸦雀无声。

“金恩星！”不知道是哪位已经完成比赛的选手大声呼喊出了她的名字，顿时，全场雷动，所有人都喊着三个字，声音一浪高过一浪：“金恩星、金恩星、金恩星……”

在大家的加油声中，金恩星忍着剧痛，顽强地向前爬去……此时所有的运动员都已完成了比赛，但没有一个人休息，她们围成两道人墙，大家不想让这位倔强的女孩再受一点伤害，哪怕只是微风……

20 厘米、40 厘米、60 厘米……短短 5 米，金恩星足足用了 20 分钟，20 分钟里她忍受了多大的痛苦，她心里知道，大家也都看得出！当她到达终点的那一刻，整个赛场沸腾了！全体起立，呐喊鼓掌，而金恩星则在这种掌声里，虚脱晕了过去！

毫无疑问，金恩星是最后第一名，可她得到的掌声早超过了冠军。比赛结束后，裁判员约翰逊说了这么一句话：“爬也是一种冲刺的姿势，金恩星的精神足以使每个人动容！”

女生悄悄话

毅力所在，高山深谷皆坦途！一个人如果带着毅力去奔跑，不管途中有多少艰难险阻，都会最终到达终点。如果把梦想看成是终点的话，那么每个人的人生就是一场长跑，只要你勇于起步，只要你有足够的毅力，就一定能跨过梦想之路上的障碍，从而登上梦想之巅。

患了心病的兔子

兔子天生胆小，所以经常受到惊吓，而胆子小也被兔子们视为最大的不幸，久而久之居然患起了心病。

这一天，一只兔子野外聚会的时候，因想到自己的胆小无能而叹息，顿时引发所有兔子的共鸣，无不为自己的生活中充满危险和恐惧而伤心难过。

它们怨叹自己成为兔子的不幸，没有马一样的体格，没有牛一样的力量，没有狼一样的牙齿，又不能像鸟一样有翅膀，可以飞翔……整日只能在东惧西怕中度过。谈得越久越是伤心，负面的想象便无止境地涌现出来。有的甚至为长了一对长长的什么都听得见的耳朵而痛苦，原因是连一个囫囵觉都睡不好，就连红色的眼睛也归罪于此。渐渐的它们觉得许许多多不幸已经发生在自己身上，而这一切都是自己身为兔子而造成的。

于是，它们开始厌恶自己，觉得生活已毫无乐趣可言，与其这样心惊胆战地度过一生，还不如一死了之，最后商定集体跳湖，让自己的烦恼随生命的结束而结束。于是，它们一齐向后山崖上奔去，准备跳进崖下大湖。

此时正值夏季，青蛙们纷纷跳上湖岸，蹲在岸边草丛静等飞虫到来，听到急促的脚步声，一个个如临大敌，扑通通跳下深水，逃命去了。

其实这样的情景，兔子几乎每次到池塘边时都会看到，然而今天看来却有着不同的意义。“等等，等等，都先停下来！”一只兔子明白了什么似的，突然停下来大叫道，“大家看，并不是只有我们这样，还有比我们更胆小的动物，连我们都害怕。它们都活得好好的，我们为什么还要去寻死觅活呢？”

听它这么一说，兔子们先是一愣，细一想不是没有道理，顿时有一股浩然之气喷涌而出，心情一下子开朗起来，刚才那些伤心呀、怨叹呀，瞬间化为乌有。

文生悄悄话

快乐不快乐很多时候都在于自己，如果一味地往死胡同里钻，那你注定是不会快乐的。就拿兔子来说，没有牛健壮，却比牛灵活；没有狼一样的牙齿，却永远比狼可爱；长耳朵容易受吵，却能先人一步察觉到危险……不要为我们现在的遭遇就埋怨命运的不公，有时你所谓的不足恰恰就是你的强项。

做好自己就行了

西勒·库斯特，《芝加哥先驱论坛报》儿童版“你说我说”栏目的主持人。十多年来，西勒·库斯特以各种方式为小朋友们解答着疑问，也正是因为如此，他深受广大小朋友的信任和爱戴。

1963年，西勒·库斯特收到一个叫玛莉·班尼的女孩的一封来信，信上说：她实在搞不明白，为什么自己帮妈妈把烤好的甜饼送到餐桌上，只能得一句“好孩子”的夸奖，可自己的弟弟戴维，一天除了知道捣蛋什么都不干，他却能得到一只甜饼，同样，她在学校也常看到一些像她这样的好孩子。在她的心里西勒·库斯特是无所不知的，她想问一问，是不是上帝把她们这些人遗忘了，上帝这样做真的公平吗？

其实，像这样有关“上帝为什么不奖赏好人，为什么不惩罚坏人”之类的来信，西勒·库斯特收到已不下千封。每次拆阅这样的信件，他心里都非常沉重，但他不知该怎么回答孩子们的这个问题。

正当西勒·库斯特对玛莉小姑娘的来信不知如何是好的时候，一位朋友结婚，邀请他去参加婚礼。也许这是他一生参加的最美好的婚礼，也是他最该感谢的婚礼，因为正是在这次婚礼上，他找到了这个困惑已久的问题的答案，并因这个答案而一夜扬名。

婚礼上牧师主持完仪式，新娘和新郎互赠戒指。可能是终于与心爱的人走到了一起，让两位完全沉浸在幸福之中的新人过于激动，竟然谁都没意识到自己把戒指戴在了对方的右手上。出现这样的事情当然要弥补了，但又不能直接说，为了不大煞风景，牧师幽默地说道：“右手已经够完美了，我想你们最好还是用它来装扮左手吧。”

右手本身已经非常完美了，也就没必要把饰物再戴在右手上。同样，因为那些品德高尚的人已经足够完美了，所以他们才常常被人忽略！牧师的这一句话，让西勒·库斯特茅塞顿开。他得出结论：上帝让右手成为右手，就是对右手的最高奖赏；同样，上帝让品德高尚的人成为品德高尚的人，不也正是对品德高尚的人的最高奖赏吗？！

发现这一真理后，西勒·库斯特兴奋不已，他连夜以“上帝让你成为一个好孩子，就是对你的最高奖赏”为题，给玛莉·班尼回了一封信。这封信一经在《芝加哥先驱论坛报》上刊登，便轰动欧美，不长的一段时间里被上千家报刊转载，并且每年的儿童节，他们都会重新刊载这封信。

女生悄悄话

每个人都会对生活中的某些事情想不通，感到受到了莫大的委屈，其实大可不必，因为对事情的理解不能仅仅停留在表面，透过表面看到下面隐藏的真相才是最重要的。别人的评价只是别人的看法，并不能完全代表我们的价值，所以不要在意，做好自己就行了。

不可击败的傲然

台南有个女孩叫黄美廉，小时候生病住院，由于医生的过失，导致这可爱的小女孩成了一个脑性麻痹病人，这种病让她的颜面、四肢肌肉都丧失了正常作用，肢体没有平衡感，不能发声讲话。在众多异样的目光中，她经常偷偷以泪洗面。

黄美廉的童年是惨淡的，她无法行走，就更别说像别的小孩子那样玩耍、奔跑了，只能远远地看别人玩儿，她感到很孤独；小朋友们总是嘲笑她，说她是个怪物，她感到委屈；一些孩子会欺负她，用手、石头或棒子打她，她不能躲，更不能还击，只能大哭……然而，这些外在的痛苦没有击垮她内在奋斗的精神。在父母的帮助和自己的努力下，她学会了走路，并靠着自己并不稳健的步伐，迈过生命中的一个个难关，最终获得了加州大学艺术博士学位。

一次学校交流会上，她在台上挥舞着双手，仰着头，脖子伸得长长的，嘴张着，眼睛眯成一条线，诡谲地看着台下的学生，全场的学生都被她不能自控的肢体动作震慑住了。她不会说话，嘴里只能说咿咿呀呀说些谁也听不懂的话，所以她一般不说话，只用文字与学生交流……

当时一个学生问她："请问黄博士，你从小就长成这个样子，你怎么看你自己？你就没有怨恨过吗？"

她却在黑板上龙飞凤舞地出了这样的话：

一、我很可爱！

二、我的腿很长很美！

三、爸爸妈妈很爱我！

四、上帝很爱我！

五、我会画画！我会写稿！

六、我有只可爱的猫！

……

一开始还有人小声地议论，渐渐的教室内变得鸦雀无声……

“我只看我所有的，不看我所没有的。”当她写下这句话的时候，从心灵深处发出的赞许的、尊敬的掌声在学生中响起，久久不能平息。

此时的黄美廉，倾斜着身子站在台上，眼睛眯着，嘴角挂着笑，笑容中透着满足和一种永远不可击败的傲然。

女生悄悄话

不同的人生态度造就不同的人生。与其过多去关注自己没有的而痛苦、沮丧，不如更好地看看所拥有的一切，自信地前行。在这个世界上，有许多事情是我们所难以预料的。与其试图改变而徒增烦恼，倒不如以平常心待之，自信而傲然地做好力所能及的事情。